认知视角下的
二语词汇习得研究

姜 男 著

吉林出版集团股份有限公司

图书在版编目（CIP）数据

认知视角下的二语词汇习得研究 / 姜男著. — 长春：吉林出版集团股份有限公司，2022.4
ISBN 978-7-5731-1367-2

Ⅰ. ①认⋯ Ⅱ. ①姜⋯ Ⅲ. ①第二语言－词汇－研究 Ⅳ. ①H003

中国版本图书馆 CIP 数据核字（2022）第 055673 号

认知视角下的二语词汇习得研究

著　　者	姜　男
责任编辑	陈瑞瑞
封面设计	许　康
开　　本	710mm×1000mm　1/16
字　　数	155 千
印　　张	8.75
版　　次	2023 年 10 月第 1 版
印　　次	2023 年 10 月第 1 次印刷

出版发行	吉林出版集团股份有限公司
电　　话	总编办：010-63109269
	发行部：010-63109269
印　　刷	北京市兴怀印刷厂

ISBN 978-7-5731-1367-2　　　　　　　　　　　　定价：79.00 元
版权所有　侵权必究

前　　言

　　词汇学习一直被视为语言学习的重要组成部分。在母语语言环境下学习英语，到了中高级阶段，需要习得大量的词汇知识才能突破外语学习的壁垒，这成为众多学习者提升自身语言水平的重大障碍。我国致力于二语词汇习得研究已经多年，但大多偏重于对语法的研究，给人留下的是关于语法的习得而不是词汇习得的印象；又或者注重词汇知识的总结与训练，忽略了词汇认知的规律与有效途径。

　　二语词汇习得是一个认知的过程，是指个体获取信息并进行加工、储存和提取的过程，会受到各种认知方式和不同的认知策略的影响。虽然每个个体选择的认知方式并没有好坏对错之分，但是却会影响学习的结果。而关于词汇习得方式，认知心理学总结了两种：一种是有意性的（intentional）学习，另一种是附带性的（incidental）学习。关于这两种方式，我们不可顾此失彼，要有机结合起来使用才能取得最佳的学习效果。

　　本书的创作涵盖面广，涉及的内容非常多元，条理清晰明了，可供学习性强，值此脱稿付梓之际，深感欣慰。鉴于作者的才力、学力有限，书中难免出现疏漏，望读者批评指正并提出宝贵意见。

作　者
2022年1月

目　　录

第一章　认知理论与语言学习 1
第一节　认知理论 1
第二节　认知语言学理论 8
第三节　语言与认知的交互 22

第二章　二语习得的理论认识 29
第一节　元认知与二语习得 29
第二节　内隐学习与二语习得 38
第三节　构建主义与二语习得 46

第三章　词汇与二语词汇 55
第一节　词汇的本质和定义 55
第二节　词汇的呈现与学习 60
第三节　关于词汇知识概念模型及操作模型 66
第四节　二语词汇知识发展 72
第五节　二语词汇知识发展模型 76

第四章　词语搭配知识与二语词汇习得 81
第一节　词语搭配知识提取 81
第二节　基于语料库的词汇搭配知识结构 85
第三节　词语搭配知识二语词汇词习得研究 89

第五章　词块及二语学习词块能力培养 94
第一节　词块的界定、分类及特征 94
第二节　词块研究的理论基础 98
第三节　词块在母语习得中的作用 99
第四节　词块对二语词汇习得的促进作用 100
第五节　学习者英语词块使用失误及原因 105

第六节　二语学习者词块能力的培养......111
第六章　认知隐喻理论与二语词汇习得......116
　　第一节　认知隐喻理论......116
　　第二节　认知隐喻理论与二语词汇习得......125
参考文献......132

第一章 认知理论与语言学习

第一节 认知理论

一、认知理论的含义

认知理论（theories of cognition）是关于有机体学习的内部加工过程，如信息、知识及经验的获得和记忆、达到顿悟、使观念和概念相互联系以及问题解决的各种心理学理论。持学习的认知观的理论家有德国格式塔学派的主要代表人物、瑞士的皮亚杰、美国的布鲁纳与奥苏伯尔。尽管他们彼此间存在很大差别，但在学习问题的观点上有两个共同特点。

一是他们确认，有机体习得的是知觉或认知结构的形成与变化。即学习的基础是有机体内部的、有组织的结构的形成与改组，而不是刺激与反应联结的形成或行为习惯的加强或改变。

二是他们相信，影响学习的主要变量是刺激情境的整体性、突然的理解或知觉、有意义的发现与接受、认知结构的特点、注意或心向，而不是刺激与反应的接近、强化、强化程式。这一理论与发展智力和培养创造能力的教育理论相符，对解释较高级的认知学习较适合。

认知学派把人的心理功能看作是信息加工系统。认知心理学重视心理内部过程的研究，并以改变来访者的适应不良性认知为根本目标，认为认知歪曲是引起情绪不良和非适应行为的根本原因，一旦认知歪曲得到改变或矫正，情感和行为障碍就会相应好转。

认知模式的理论基础是贝克等提出的情绪障碍认知理论。心理问题不一定都是由神秘的、不可抗拒的力量所产生，相反，它可以从平常的事件中产生，例如错误的学习，依据片面的或不正确的信息做出错误的推论，以及像不能妥善地区分现实与理想之间的差别等等。他提出，每个人的情感和行为在很大程度上是由自身认识世界、处世的方式和方法决定的，也就是说一个人的思想决定了他内心的体验和反应。

在学习理论中，与 S-R 理论相对立的还有一个重要的理论，一般称为认知理论。它原来是建立在格式塔心理学的基础上的，在这种意义上也被称为"场的理论"。代表人物是托尔曼（E. C. Tolman），其理论要点集中在1932年发表的《动物和人的有目的的行为》(Purposive behavior in animals and men) 中。行为作为显见（molar）的行为是可以被理解的，它是有目的性的，是根据环境中的目标和导致这一目标的手段之间的关系的认知而来的。所谓认知，并不是个别的感知和部分的知觉，而是对含有格式塔心理学所说的形态知觉这种更大的整体的认识。它也包括对象间的相互关系和意义关系，是在对对象间的手段－目的关系（means-end relation）的期待（means-end expectation）这一形态上成立的。如果把对动物具有重要意义的对象称为意义体（sig-nificate），那么作为手段的那些对象就被称为符号（sign）。在这二者之间，由于经验的作用形成赋予意义的手段－目的关系，把这种形成了的整体称为符号完形（sign-gestalt）。所谓学习，并不像赫尔（C. L. Hull）所说的那样是由S-R结合而成，而是这种符号完形的形成。所以，认知理论也被称为符号完形理论。通过学习，动物去制作对其本身具有意义的某种环境认知地图。因此，学习过程也可以说是这种认知地图的形成过程。托尔曼在把行为作为心理学的对象这一点上虽然是行为主义者，但就对学习这一心理学现象的解释来看，是与赫尔站在不同的立场上，二者进行了长期的论争。

认知过程是个体认知活动的信息加工过程。认知心理学将认知过程看成一个由信息的获得、编码、贮存、提取和使用等一系列连续的认知操作阶段组成的按一定程序进行信息加工的系统。

信息的获得就是接收直接作用于感官的刺激信息。感觉的作用就在于获得信息。信息的编码是将一种形式的信息转换为另一种形式的信息，以利于信息的贮存和提取、使用。个体在知觉、表象、想象、记忆、思维等认知活动中都有相应的信息编码方式。

信息的贮存就是信息在大脑中的保持，在记忆活动中，信息的储存有多种形式。信息的提取就是依据一定的线索从记忆中寻找所需要的信息并将它取出来。信息的使用就是利用所提取的信息对新信息进行认知加工。

在认知过程中，通过信息的编码，外部客体的特性可以转换为具体形象、语义或命题等形式的信息，再通过贮存，保持在大脑中。这些具体形象、语义和命题实际就是外部客体的特性在个体心理上的表现形式，是客观现实在大脑中的反映。认知心理学将在大脑中反映客观事物特性的这些具体形象、语义或命题称为外部客体的心理表征，简称表征。通常，"表征"还指将外部客体以一定的形式表现为大脑中的信息加工过程。

二、认知的理论的学科认识

（一）认知失调论

认知不和谐有的心理学家又称之为认知失调论。它是社会心理学的基本理论之一，也是态度和认知研究范畴中的一个重要课题。认知不和谐（认知失调）理论是由费斯廷格在1957年提出来的。他以认知元素为基本单位（认知元素指有关环境、个人及个人行为的任何认识、意见及信念），将两个单位的关系区分为协调（和谐）、不协调（不和谐）和不相关三种。简言之，认知不和谐（不协调）就是指两种认识上的不一致而导致的紧张心理状态，产生动机冲突。这种不和谐程度取决于两个因素：（1）认知对个体的重要性程度。（2）与某一不平衡的特殊问题有关的认知与总认知所占的比例。

费斯廷格假定，当认知间的不和谐程度增加时，个人所感受到要改变这种状况的心理压力也就愈来愈大。如果得不到解决，就必然导致人格失常与离轨行为。导致认知不和谐的原因主要是认知体系的成分，即客观存在与主体认识不一致，可以通过改变不和谐成分使之相互之间不再出现矛盾，或是减少这种不和谐成分的重要作用。还可以通过纠正两个对立认知的不协调的逻辑判断，来改善这一情况。以扎琼斯为代表的社会心理学家对认知失调理论做出了新的贡献。认知不和谐理论，受到心理界的欢迎，并激励着人们进行更深入的研究。

（二）认知一致论

对于态度的形成，西方社会心理学家提出三种不同的理论解释：
（1）学习论，认为态度和其他习惯一样是通过后来学习而获取的。
（2）诱因论，认为一个人采取的态度受他对收益多少的考虑决定。
（3）认知一致论，这是影响较大的一种理论。

认知一致论强调人在认识上总是寻求一种平衡的、一致的、协调的状态。一个人如果有几种信念或观点彼此不协调，他将感受到心理上的压力，进而引起认知结构的重新组合，以便恢复认知结构。

认知一致论有三种变式。第一种变式是平衡论，它是由海德在1958年出版的《人际关系心理学》中提出的。海德提出，在一个简单的认知系统里，欲使这一系统达到平衡，在于改变现存的认识，或添加一种新的认识，以校正不平衡。所谓平衡的系统是指，你和你所喜欢的人意见一致，或和你不喜欢的人的意见不一致。不平衡的系统则指，你和你喜欢的人的意见不一致，或和你不喜欢的人的意见一致；换言之，只有在这个系统的三项评估中，有一项或三项评估为正时，系统才能达到平衡。

不平衡结构趋向平衡结构改变，改变的方式有很多，平衡理论用"劳力原则"来预测改变的方向，即在最终平衡的目的下，人们以改变最少知觉关系的方式来达到平衡。平衡论的主要意义在于它以较为简单的概念说明了认知一致论的基本想法。

认知一致论的第二种解释是认知一感情的一致论。这一说法的基本假设是，我们的信念或认识在一定程度上是受我们的感情偏爱所决定的。罗森伯格曾进行一项实验，证明了在一个人对另一个人的态度中，感情的改变能引起随后的态度改变。

认知一致论的第三种变式是认知失调论，其基本含义是：态度如果与外现行为不一致时，将会为保持与行为的一致而趋向改变，失调论是由费斯廷格于1951年提出的。这一理论最初提出时主要集中在信念与行为不一致的起因研究，强调不一致者将引发认知失调，在减轻认知失调的方法中，最重要的一种是改变态度以达到态度和行为的一致。

认知主义学习理论突破了行为主义仅从外部环境考察人的学习的思维模式，它从内部过程即中间变量入手，从理性的角度对感觉、知觉、表象和思维等认知环节进行研究，去揭示人的学习心理发展的某些内在机制和具体过程。

（三）认知学习论

认知主义论的基本观点是：人的认识不是由外界刺激直接给予的，而是外界刺激和认知主体内部心理过程相互作用的结果。根据这种观点，学习过程被解释为每个人根据自己的态度、需要和兴趣并利用过去的知识与经验对当前工作的外界刺激（如教学内容）做出主动的、有选择的信息加工过程。教师的任务不是简单地向学生灌输知识，而是首先激发学生的学习兴趣和学习动机，然后将当前的教学内容与学生原有的认知结构有机地联系起来，学生不再是外界刺激的被动接收器，而是主动地对外界刺激提供的信息进行选择性加工的主体。

具有代表性的认知主义学习理论包括格式塔的顿悟论、布鲁纳的认知发现论、奥苏伯尔的认知同化论。

1. 格式塔的顿悟论

格式塔（Gestalt）是德语中"完形"的译音，其理论也称为完形心理学，1912年诞生于德国，强调经验和行为的整体性，认为整体不等于部分之和，整体具有部分之中所没有的性质，主张对心理进行整体的研究。

（1）对学习实质的认识。完形派的理论认为，学习是组织一种完形，完形实质上是指对事物式样和关系的认知。在学习中要解决问题，必须对情境中事物的关系加以理解，从而构成一种完形，使学习得以实现。

（2）对学习过程的认识。学习是由顿悟来实现的。顿悟也叫领悟，学习就是一种突然的领悟和理解，领悟是对情境全局的知觉，是对问题情境中事物关系的理解，也就是完形的组织过程。考夫卡还认为顿悟是通过综合、分析及联系三种历程而实现的。

2. 布鲁纳的认知发现论

布鲁纳是认知主义学习观的重要代表人物，也提出了较为系统的学习理论。

（1）对学习实质的认识。认知发现理论认为，学习的实质在于主动形成认知结构。布鲁纳又把认知结构称为"表征"，并认为表征有三种：动作性表征、映象性表征和符号性表征，这三种表征在儿童智慧发展中不断演变，经历三个阶段。第一阶段，婴幼儿时期（1~2岁）主要是依靠动作去对付世界；第二阶段（3~7岁），这时期儿童开始在头脑中利用视觉和听觉的表象或映象代表外界事物，并尝试借助映象解决问题；第三阶段，大约从6~7岁开始，这时个体能运用语言、数字等符号代表经验，同时应用这些符号来学习和获得经验。

（2）对学习过程的认识。布鲁纳认为学习是一个主动形成和发展认知结构的过程，是在内在动机的推动下，学习者主动对新知识加以选择、转换、储存和应用的过程。认为学习过程可以分为知识的获得、转化和评价三个几乎同时发生的过程。知识的获得：新知识的获得是与已有知识经验、认知结构发生联系的过程，是主动认识理解的过程，通过"同化"或"顺应"使新知识纳入已有的认知结构。在这个过程中，布鲁纳强调已有经验的作用。知识的转化：知识的转化是对新知识进一步分析和概括，使之转化为另一种形式，以适应新的任务。知识的评价：评价是对知识转化的一种检验，验证对知识的分析、概括是否恰当，运算是否正确，等等。

3. 奥苏伯尔的认知同化论

（1）对学习实质的认识。奥苏伯尔从两个维度对学习做了区分：从学生学习的方式上将学习分为接受学习与发现学习，从学习内容与学习者认知结构的关系上又将学习分为有意义学习和机械学习。

奥苏伯尔认为学校中的学习应该是有意义的接受学习和有意义的发现学习，但他更强调有意义的接受学习，认为它可以在短时期内使学生获得大量的系统知识，这正是教学的首要目标。

要想实现有意义的学习，必须同时具备如下两个条件：第一，学习者应具有有意义学习的心向，即积极主动地把新知识与自己认知结构中原有的部分联系起来的倾向性；第二，学习材料对学习者应具备潜在的意义，即学习材料可以和学生认知结构中的某些观念相联系。如果学习材料本身具有逻辑意义，学习者认知结构中又具有同化新知识的观念、这种学习材料对于学习者就具备了潜在意义。

（2）对学习过程的认识。奥苏伯尔认为有意义学习的过程就是原有观念对新观念加以同化的过程。原有观念与新观念之间有三种关系，即类属学习、总括学习和并列结合学习，因此，原有观念一般通过三种方式对新观念加以同化。

（四）认知行为论

认知行为理论是社会工作常用的重要理论，对社会工作的专业实践具有较大的指导意见。

认知行为理论是一组通过改变思维或信念和行为的方法来改变不良认知，它是认知理论和行为理论的整合，是对认知和行为理论所存在缺陷的一种批评和发展，但是却不是简单的相加，或者拼凑。具有代表性的有艾利斯的合理情绪行为疗法（REBT），贝克和梅肯鲍姆的认知行为矫正技术等。认知行为强调认知活动在心理或行为问题中的发生作用，在社会工作的实务中既采用各种认知矫正技术，又采用行为治疗技术，从这种意义上理解，认知理论只是认知行为理论的狭义理解。

认知行为理论认为，在认知、情绪和行为三者中，认知扮演着中介与协调的作用。认知对个人的行为进行解读，这种解读直接影响着个体是否最终采取行动。认知的形成受到"自动化思考"（automatic thinking）机制的影响。所谓自动化思考是经过长时间的积累形成了某种相对固定的思考和行为模式，行动发出已经不需要经过大脑的思考，而是按照既有的模式发出。或者说在某种意义上思考与行动自动地结合在一起，而不假思索地行动。正因为行动是不假思索的，个人的许多错误的想法、不理性的思考、荒谬的信念、零散或错置的认知等，可能存在于个人意识的察觉之外。因此，要想改变这种状况，就必须将这些已经可以不假思索发出的行动重新带回个人的思考范围之中，帮助个人在理性层面改变那些不想要的行为。

艾利斯（Albert Ellis）提出了认知的"ABC情绪理论框架"，即真实发生的事件，人们如何思考、信念、自我告知和评估其所遭遇的事件和人们思考、信念、自我告知和评估此事件的情绪结果。他用这个框架来说明人们的思考、信念、自我告知和评估是理性的，则情绪是正常的；相反，如果人们的思考、信念、自我告知和评估是非理性的、扭曲的，则会逐渐发展出不正常的情绪、情感行为。简单来说就是，如果人们有正确的认知，他的情绪和行为就是正常的，如果他的认知是错误的，则他的情绪和行为都可能是错误的。

认知行为理论将认知用于行为修正上，强调认知在解决问题过程中的重要性，强调内在认知与外在环境之间的互动。认为外在的行为改变与内在的认知改变都会最终引起个人行为的改变。所谓问题解决是增强个体界定问题、行动目标、规划及评估不同行动策略的认知能力，达到能够在不同情况下不断调整自己的认知，并从他人的角度看待问题和行动目标。所谓归因是指个人对事件发生的原因的解释。所谓认知治疗原则，指的是修正一些认知上的错误的假定，包括过度概括、选择性认知或归因、过度责任或个人肇因假定、自我认错或预罪、灾难化思考、两极化思考等。

认知行为理论的实务原则主要包括以下三方面：

（1）界定服务对象问题原则。第一，服务对象的问题不是固有的。服务对象的问题及其行为都是学习得来的，所以也是可以由学习改变的。第二，问题的外在性与内在性。在认知行为理论看来，服务对象的问题不仅是外在行为层面的问题，更是认知的结果。个人能力不足、习惯性思维都可能造成个人认知错误，以致无法发出正确的行为。在社会工作实务中，不仅要通过行为训练修正行为，而且还要通过调整个人的认知来促进行为的改变。第三，服务对象及其处境的差异性。强调每个人都是独特的，注意服务对象问题及其处境的独特性是正确界定和评估其问题的前提。

（2）社会工作实务中运用认知理论原则。第一，尊重个人的自主决定和信念。认知行为学派主张，个人的知识经验的形成是积极主动的，个人的认知和生活形态是通过正确解读外在环境事件的意义，有效地自我调适来建构和调节的。第二，帮助服务对象改变错误的认知、建立正确的认知。认知行为学派认为，帮助服务对象的关键是协助他（她）自助、自立，使其能够在正确认知的基础上成为自己的咨询者和帮助者，以达到调节和控制自己的情绪和行为的效果。第三，在正确认知的基础上建立良好的专业关系，并鼓励服务对象形成积极的态度，以实现助人和自助的目标。

（3）助人目标原则。改变错误的认知或不切实际的期待以及其他偏颇和不理性的想法；修正不理性的自我对话；加强解决问题和决策的能力；加强自我控制和自我管理的能力。

第二节　认知语言学理论

一、认知语言学的发展历程

认知语言学不是一个单一的理论，而是一种研究范式，是由众多基于相同承诺、工作假设和原则的理论汇集而成的。其理论体系主要由认知语义学和语法的认知研究两部分组成。认知语义学重点关注经验、自身认知和语言之间的关系，其研究内容包括范畴和范畴化、概念隐喻和转喻、意象图式、框架语义学、心理空间、理想化的认知模型、概念整合理论以及主观性/主观化等；语法的认知研究聚焦语言象征单位的研究，主要研究课题包括 Langacker 的认知语法、Goldberg 等人的构式语法及语言演化相关理论等。纵观近半个世纪的发展历程，认知语言学大致经历了三个发展阶段：（1）萌芽和诞生阶段：20 世纪 70 年代至 90 年代初；（2）迅速发展和成熟阶段：20 世纪 90 年代初至 21 世纪初；（3）深化和反思阶段：21 世纪初至今。

（一）认知语言学的萌芽与诞生（20 世纪 70 年代至 90 年代初）

认知语言学的诞生一方面得益于 20 世纪六七十年代认知科学、心理学等相关学科的发展；另一方面源于对以生成语言学为首的形式语言学的批评。1975 年，在加州大学伯克利分校语言学系语言学夏令营活动上，Paul Kay、Eleanor Rosch、Leonard Talmy 和 Charles Fillmore 分别做了关于颜色词、范畴理论、语言中的空间关系和框架语义学的演讲，这标志着认知语言学的萌芽。1989 年，国际认知语言学会（ICLA）的创立以及次年 Cognitive Linguistics 的创刊"标志着认知语言学作为一个具有广泛基础的、具有清醒自我认识的学术运动诞生了"。这一阶段认知语言学的发展具体表现在以下几方面。

其一，体验哲学的初步确立。客观主义认知观一直在近现代西方哲学中占据主导地位。但是，随着时间的推移，认知语言学家认识到，客观主义认知观在本质上是有纰缪的，因为它忽略了人类认知最重要的一个特征，即在形成有意义的概念和进行推理的过程中，人类的生理构造、身体经验以及人类丰富的想象力发挥了重要作用。因此，许多认知语言学家提出了与之针锋相对的哲学理念，如 Lakoff、Johnson 等人的一系列著述。他们对西方传统哲学提出了挑战，强调人类经验和认知能力在语义解释中的重要作用，并提出"经验主义语义观"。虽然这个时期尚未使用"体验哲学"这一术语，但他们已意识到体验，包括感觉经验和认识经验的重要性，这可以概括为体验哲学的两个基本原则，即"心智的体验性"和"思维的隐喻性"。

其二，认知语义学理论的诞生与发展。认知语言学家反对生成语法以句法研究为核心的主张，认为语义才是语法研究的中心。认知语义学聚焦意义、体验与语言之间的关系，其内容包括范畴与范畴化、概念隐喻和转喻、意象图式、理想化认知模型、框架语义学、力动态、心理空间理论等。例如，Rosch、Lakoff 和 Taylor 等先后对典型范畴理论的探索引起了学界的广泛关注。Lakoff 和 Johnson 于 1980 年开了概念隐喻和概念转喻研究之先河，提出隐喻不仅是修辞手段，而且是人类赖以生存的思维方式，概念隐喻无处不在。接着 Johnson 在 1987 年系统地探讨了"意象图式"概念。他认为意象图式是我们互动和运动感觉中重复出现的抽象动态模式。Fillmore 在 20 世纪七八十年代对框架语义学进行了一系列的研究，试图发掘词汇知识库的性质，并探讨它对语义学理论的影响。同时期，Talmy 对语言力动态的考察，也为其后来提出的力动态理论及认知语义学理论体系奠定了坚实的基础。而 Fauconnier 于 1985 年也出版了专著，阐释了心理空间的特性及操作方式，为自然语言的意义探讨开启了全新的视野。

其三，认知语法理论的创立。认知语法是在批评生成语法的基础上产生的。Langacker 所著的《认知语法基础》《概念、意象与符号》的相继出版，标志着该理论的创立。他提出了一套全新的语言分析方法，详细阐释了不同层面的语言问题，体现出认知语法强大的解释力。

其四，构式语法理论的诞生。构式语法同样是在对生成语法批判的基础上产生、发展起来的。生成语法极力推崇语言"模块观"，主张把语言知识切分成若干独立的子模块，如音位模块、句法模块、语义模块等。"模块观"重视"组构原则"（principle of compositionality）。该原则认为，一个结构的意义是该结构直接组成成分的意义和组构规则的函数。这一原则对规则结构虽具有较强的解释力，但是对习语等不规则结构则显得无能为力。对此，生成语法学家认为语言结构有"核心-边缘"之分，主张语法研究应该着眼于可用规则推导的"核心现象"，而将习语等不规则的结构置于"边缘"。这种做法遭到了认知语言学家的强烈批判。构式语法正是发端于 Fillmore 等人对习语等不规则结构的研究。1977 年，Lakoff 在芝加哥语言学年会上提交"Linguistic Gestalt"一文，首次提出一个语言结构的整体意义并不等于其部分意义的简单相加，这便是最初的"构式语法"思想。10年后，Lakoff 又通过对英语存在构式的研究，进一步明确了构式语法研究的基本思路。1988 年，Fillmore 等人以"let alone"为例，在 Language 上发表"Regularity and Idiomaticity in Grammatical Constructions：The Case of Let Alone"一文，该文对构式语法研究可以说具有里程碑意义，称得上是其奠基之作，标志着构式语法的诞生。

  认知语言学在中国的发展几乎与西方认知语言学的发展同步。国内汉语界和外语界人士都为认知语言学在中国的传播做出了重要贡献。这一时期国内认知语言学主要处于初步引进和应用阶段。许多学者开始对国外认知语言学理论进行评介和综述。沈家煊对 Langacker《认知语法基础》的评介、林书武对概念隐喻理论的评介以及袁毓林所著《关于认知语言学的理论思考》等文，对认知语言学理论在国内的传播与发展起到了重要的推动作用。另外，值得一提的是，这一时期西方有关语言演化的理论也开始引进，如沈家煊、孙朝奋率先发文评介国外语法化研究的最新动态，刘坚、曹广顺和吴福祥的合著文章也首次从理论高度对诱发汉语词汇语法化的机制进行尝试性探索。随后，沈家煊和文旭又分别评介了国外语法化研究理论著作《演变而来的语法》和《语法化》，为国内语法化研究提供了重要的参考。以上成果使更多国内学者开始了解认知语言学，使其逐渐成为国内语言学研究的热门话题。此外，不少学者也开始运用认知语言学理论和原则解释具体的汉语现象。例如，沈家煊、刘宁生、张伯江、袁毓林、陆丙甫以及张敏等都有相关著述，加速了认知语言学理论"中国化"的进程。

  认知语言学是认知科学与语言学结合的一门边缘学科，在最近十几年内受到了语言学界的青睐，国外关于认知语言学的研究正如火如荼地进行着，而国内认知语言学的研究也是一派欣欣向荣的景象。认知语言学向占主导地位的、以乔姆斯基为首的转换生成语言学发起了挑战，语言学家也进一步地深入研究、证实。我们主要阐释认知语言学的理论基础、研究范围、研究方法，学界对认知语言学的评价等几方面。

总体而言，这一阶段认知语言学作为一种新的语言学范式取得了令人瞩目的成绩，认知语言学研究的主要理论框架基本形成。

（二）认知语言学的迅速发展和成熟（20世纪90年代初至21世纪初）

进入20世纪90年代，认知语言学作为语言研究的新范式逐渐被学界广泛认可，并吸引了来自世界各地的追随者，其发展进入了一个崭新的阶段。这一时期的一个主要特点是经典教材的出版，这标志着认知语言学已经进入了稳步发展阶段。具体主要包括以下几方面的研究。

其一，体验哲学的正式提出与全面阐释。1999年，Lakoff 和 Johnson 挑战了西方传统哲学思想，如二元论、先验论、客观主义、形式主义等，并提出了一个全新的哲学理论：体验哲学。认知语言学的基本假设和工作原则都是围绕这一哲学基础建立起来的。

其二，认知语义学理论的成熟。这一时期认知语义学理论逐渐走向成熟，具体表现在概念隐喻理论的纵深发展、空间概念研究的深化以及 Talmy 认知语义学理论体系的完善与发展。作为认知语言学研究范式中最早提出的理论框架之一，概念隐喻的理论与应用在这一时期均有所深化，尤其是在 Gibbs、Boers、Littlemore 以及 Kvecses 等学者的推动下，隐喻理解机制及对其理解和产出过程的多维研究、隐喻理论的应用研究开展得如火如荼。以"语言与空间"为主题的第五届国际认知语言学研讨会使得"空间"的概念化成为20世纪90年代中后期认知语言学研究的焦点之一。此外，Talmy 还完善了认知语义学的理论体系，使其更加科学和系统。

其三，认知语法理论的进一步发展与完善。自 Langacker 建立认知语法理论体系之后，他和 Taylor 等相继撰文对这一体系进行了全面梳理总结，并增加了一些新的内容。以 Taylor 所著《认知语法》为例，该著作对认知语法理论进行了全面阐释，具体涉及语义、词法－句法、音位、语用等多个维度，不仅全面概述了认知语法理论，而且还提出了很多新的见解。

其四，构式语法理论的成熟和不同研究派系的形成。构式语法在这一时期的发展十分迅速，主要形成了两大派系：基于形式主义的构式语法理论和基于使用模型的构式语法理论。前者主要包括 Fillmore 和 Kay 等人的伯克利构式语法（Berkeley Construction Grammar），后者则由 Lakoff 和 Goldberg

的认知构式语法理论（Cognitive Construction Grammar）、Langacker 的认知语法思想（Cognitive Grammar）以及 Croft 的激进构式语法理论（Radical Construction Grammar）等组成。

其五，基于认知的语言演化理论的兴起与发展。传统语言研究更多聚焦共时描写，缺乏历时分析与解释。20 世纪 90 年代初，不少学者开始从历时视角结合认知语言学有关理论探讨语言演化问题（主要是语法化和词汇化问题），并很快成为认知语言学的研究热点。Heine 等在 1991 年总结了以往西方语言学家对"语法化"这一语言现象的理解和基本观点，提出一个以认识论为基础的理论框架，认为语法化的研究不能脱离人类大脑认知上的适应性变化。之后 Hopper 和 Traugott 提出普通的词和结构在某些上下文中会发展出语法功能的作用，且一旦语法化，会继续发展新的语法功能。这一分支领域的其他代表性作品还包括 Traugott 和 Heine，Lehmann，Ramat 和 Hopper，Wischer 和 Diewald 等的一系列著作，这里不再一一陈述。可以明确的是，这些成果涉及语法化的研究内容、研究视角、研究范式和研究方法等多方面，为认知语言演化理论的研究注入了源源不断的新鲜活力。

此外，这一时期，在国际认知语言学研究稳步发展的大背景下，国内认知语言学研究也逐渐走向多方位介绍和发展阶段。具体表现如下：

（1）引进和出版了多部认知语言学和汉语的认知研究的著作，如 Taylor 的《语言的范畴化》、Ungerer 和 Schmid 合著的《认知语言学入门》等。另外，国内学者如熊学亮、束定芳、张辉等相继出版的十几本认知语言学专著，极大地推动了认知语言学在国内的发展。

（2）认知语义学研究话题的多样化。与第一阶段相比，这一阶段的研究主题由原来对概念隐喻、典型理论、认知语法和语法化理论的评介，迅速扩展到认知语义学研究的诸多方面，如概念转喻、心理空间理论、概念整合理论、多义性、图形－背景、力动态等。另外，不少学者开始关注西方构式语法理论，并开始运用它解决汉语句法问题。

（3）认知语法在汉语的研究中初见成效。20 世纪 90 年代中期以后，沈家煊、袁毓林、张伯江、石毓智、张敏、赵艳芳等一些学者借鉴认知语法的观念、方法来研究汉语的具体问题，如汉语里多项定语的排列次序、词的重叠、词类的本质特点、肯定与否定的对称与不对称、名词配价的原因、领属构式中"的"字的隐现、方位表达等，取得了丰硕的成果。

（4）语法化理论和汉语演化研究的结合成为热点。随着国外理论的引进，国内学者开始反思汉语的历时研究，并在西方语法化理论的启发下，初步探讨汉语的历时演化问题。

（5）构式语法研究进入初步探索阶段。一般认为，国内最早通过西方构式语法理论来研究汉语言现象的是张伯江的《现代汉语的双及物结构式》。他对现代汉语双及物构式的研究引起了国内学者对构式语法的广泛关注。与此同时，沈家煊以汉语"在字句"和"给字句""偷"和"抢"为例进一步说明了一个结构的形式和意义是"有理据的约定俗成"。但是，这一时期的构式语法研究并不多见，尚处于起步阶段。

综上所述，这一时期认知语言学的理论内涵和外延的扩展为其进一步深化和反思奠定了坚实的基础，开始迈向一个新的阶段。

（三）认知语言学的深化和反思阶段（21世纪初至今）

进入21世纪，认知语言学得到了进一步深化与发展，其重要标志是区域性认知语言学协会的成立，如中国、西班牙、俄罗斯、德国、法国、日本和英国等国家均成立了自己的认知语言学研究会，并多次举办国际性的大型会议，如国际认知语言学大会（ICLC）已举办多届。同时，国内外认知语言学通论性著作不断涌现。这一时期的主要特点可概括如下。

其一，认知语义学研究的深化。这一时期认知语义学的研究维度、方法、领域、内容等得以进一步深化。以概念隐喻为例，它的理论与应用的研究视角不断拓宽，不仅涵盖了语言学的各分支领域，而且涉及哲学、心理学、人类学、文学和跨语言研究等领域。例如，Kvesces曾对隐喻研究的文化认知角度给予了持续关注；王文斌则重点探讨了隐喻认知构建与解读的机制原则。刘正光就概念隐喻本身的一些理论与实际运用问题进行了细致分析。Feldman则从神经认知角度研究隐喻投射问题等。同样，对"空间"概念的研究也更加多样化，如Levinson从类型学的角度探讨了空间构建与文化之间的关系；2006年，他又和Wilkins合作考察了多种语言和文化认知现象，并由此深入探讨了语言和空间认知之间的关系。此外，范畴化理论研究也得到了进一步深化，如Evans和Green曾指出，并非所有的词汇范畴都有典型，某些范畴存在典型空缺的现象；沈家煊通过比较中西方范畴观，重点探讨了汉语词类范畴的问题等。以上观察足以表明，认知语义学的研究视角逐渐趋于多元化，更多汇合的证据和研究方法被用于其理论体系构建中，同时其应用范围也不断扩大，辐射到语言学研究的各个领域。

其二，认知语法理论的完善与推广。Langacker及其追随者在认知语法理论体系建立后，仍不断致力于其理论的完善和推广。2008年，Langacker出版教材《认知语法导论》。该教材汇聚和提炼了他近三十年的研究成果，系统梳理了认知语法的理论构架、研究方法及其对不同层面语言现象的解释力，既有理论描写又有实际应用，还囊括了最新研究成果及未来发展方向。2013年，他的另一部著作《认知语法精要》问世，进一步阐释了认知语法的基本思想。2013年和2016年，Langacker所著的《认知语法基础（第1卷）：理论前提》和《认知语法导论》汉语译本相继问世，这大大促进了认知语法在国内的传播。与此同时，认知语法被广泛应用于除英语外的其他语言如汉语、日语、西班牙语等，以及其他分支学科如翻译、语言教学等领域。

其三，构式语法理论的发展和日臻完善。这一时期构式语法理论呈现出百花齐放、百家争鸣的局面。其研究除了聚焦构式的界定、构式关系及构式义的来源等主要课题外，还继续深化和拓展了其他研究领域和研究课题，包括构式语法与认知语言学其他理论的融合，如与隐喻、转喻、概念整合等的融合。构式语法研究的迅速发展具体表现在以下四方面：

（1）相关著作的大量涌现。除了与之相关的各类论文著述之外，荷兰的John Benjamins出版社于2004年开始出版《语言的构式路径》（*Constructional Approach to Language*）系列丛书，有力地推动了构式语法理论的传播与发展，该丛书截至2018年6月已出版21本。这些专著和论文集的出版使越来越多的语言学家开始关注和思考构式语法的有关问题，也使之成为当今语言学的一门前沿学科。

（2）国际性会议的举办和专门杂志的出版。2001年开始举办的"国际构式语法研讨会"迄今为止已召开了9届。John Benjamins出版社还出版了由语言学家Mirjam Fried主编的构式语法研究的专门期刊《构式与框架》（*Constructions and Frames*）。

（3）构式语法理论与应用研究的拓展。一些学者，如Boas、Hilpert等从跨语言的角度对构式语法理论进行探讨，并将其广泛应用于不同语言的具体构式的研究中。

（4）构式语法的跨学科、跨领域研究增多。比如Bergen和Chang将构式语法与认知神经理论结合，提出体验构式语法；Steels将构式语法与计算机语言学和形式语言学融合，建立流变构式语法；此外，构式语法与语言演化理论的结合催生了历时构式语法理论，期间也产生了不少颇具代表性的作品。

其四，基于认知的语言演化理论的多样化。认知语言学理论体系的多样化对语言演化理论的发展具有一定影响。认知语言学的不同理论框架被应用到语言演化的研究中，从而产生了不同的语言演化理论模型，如隐喻扩展模型、诱使性推理模型、主观化模型、去语法化和历时构式语法等。例如，Traugott 和 Dasher 在 2002 年出版专著，根据认知语言学基于使用的模型对诱使性推理进行探讨，认为语法化中形式一意义的重新分析是语言在具体情境下使用的结果；同年，Wischer 和 Diewald 出版专著，重点探讨了语法化研究的理论和方法等焦点问题；Traugott 和 Trousdale 在 2013 年的专著采用基于使用的构式语法观，建立了以构式化（constructionalization）为核心、以语法构式化和词汇构式化为框架的构式演化模型等。

其五，跨学科、跨领域及类型学研究增多。近年来认知语言学在跨学科和跨领域研究方面取得了新的进展，如认知音系学、认知语用学、认知诗学/文体学、认知翻译学、认知心理语言学、认知神经语言学、认知历史语言学、认知修辞学、认知词典学、认知文化语言学、认知社会语言学、社会认知语言学、应用认知语言学等多个研究领域。此外，国内许多学者，特别是汉语界的学者开始借助语义地图模型探究语法领域里的"多功能语法形式"，其目标是通过跨语言或单个语言的内部比较，揭示语言的蕴含性规律，并通过构建语义地图提出语言共性假设，同时借助语义地图获取对某一语言或方言个性更为深刻的认识。

二、认知语言学的基本理论与内涵解析

（一）认知语言学的内涵解析

（1）概念语义。意义等同于概念化，即心理经验的各种结构或过程，而不是可能世界中的真值条件：一个表达式的意义就是在说话人或听话人的大脑里激活的概念，更为具体地说，意义存在于人类对世界的解释中，它具有主观性，体现了以人类为宇宙中心的思想，反映了主导的文化内涵、具体文化的交往方式以及世界的特征。这一原则表明，意义的描写涉及词与大脑的关系，而不是词与世界之间的直接关系。

（2）百科语义。词及更大的语言单位是进入无限知识网络的入口。对一个语言表达式的意义要进行全面的解释，通常需要考虑意象（视觉的和非视觉的）、隐喻、心理模型以及对世界的朴素理解等。因此，一个词的意义单靠孤立的词典似的定义一般来说是不能解决问题的，必须依赖百科知识方可达到目的。

（3）典型范畴。范畴并不是由标准属性模型定义的，也不是由必要和充分特征定义的。范畴是围绕典型、家族成员相似性，范畴中各成员之间

的主观关系组织起来的。

（4）语法性判断。语法性判断涉及范畴化。一个话语的语法性或可接受性并不是二分的，即要么可接受，要么不可接受，而是渐进的。因此，语法性判断是渐进的，并且同语境、语义以及语法规则密切相关。认知语言学家并不像生成语法学家那，要把语法写成是一部生成一种语言中所有并且是唯一合乎语法的句子那样的语法，因为语法性判断具有渐进性、可变性以及语境的依赖性，要实现生成语法学家所期望的目标显然十分艰难。

（5）语言与其他认知。认知语言学之所以为认知语言学是因为它要在一般的认知中寻找语言现象的类似物。认知语言学家积极吸收心理学关于人类范畴化、注意以及记忆等的研究成果来丰富自己的理论从而使认知语言学更加具有活力。由此可见语言与其他认知机制具有密切的关系。

（6）句法的非自主性。句法是约定俗成的模式，声音（或符号）通过这种模式传达意义，因此，句法并不需要自己特殊的元素（primitives）和理论结构。约定俗成的符号模式是说话人通过实际话语获得的，而要获得语法知识只有通过这样的符号模式才能实现。认知范式中虽有不同的理论方法，但以上六条基本原则足以把这些理论方法紧密联系起来。它们界定了认知语言学的内涵和范围，并使认知语言学与其他认知学科区别开来。

（一）认知语言学的基本理论

1. 哲学理论基础

认知语言学的研究是根据马克思主义理论中以客观为基础、主客观相结合的经验现实主义（简称经验主义）为哲学依据。经验主义认为没有绝对客观的现实，也没有完全离开客观现实而独立存在的感知和思维。经验主义强调经验在人的认知和语言中的重要性，而人类的经验源于人与大自然（物理的、生理的），人与人（社会的、文化的）之间的相互作用，来源于人类自身的感觉动力器官和智力与自然环境的相互作用（吃、穿、住、行）及人与人之间的交往（社会、政治、经济、宗教等）。但大脑不是像一面镜子一样一成不变地反映客观世界，而是具有自身的认识事物的结构和规律。每一种经验都遵循一定的规律，具有一定的结构，正是这种多维的结构构成了经验的完型。因此，客观现实反映在大脑中形成了认知世界或认知结构。认知语言学就是研究这一认知结构及其规律对语言的影响。在此基础上，对传统的范畴理论、知识、意义、理解、语言、推理、真理等都提出新的解释。

2. 心理学理论基础

认知语言学继承和发展了心理学中关于经验联想主义和认知心理学的一些观点，崇尚皮亚杰的相互作用论，批判其他人认为的大脑是人体的"指挥中心"的观点。它从人的生理基础出发，认为大脑与人身不可分，提出了"身在心中，心在身中"观点，即认为大脑的认知是以自身为基础向外扩展的，大脑的思维开始于大脑所存在的、与外界发生作用的人自身。认知是人对客观世界的感知与经验的结果，是人与外部世界相互作用的产物。认知最基本的要素是基本范畴和动觉图式，而基本范畴和动觉图式是通过人自身与外界发生作用而直接被理解的，其他概念和范畴是通过隐喻认知和转喻认知模式而间接被认识的。认知具有自己动态的完整结构和模式，不是机器可以模拟的。

乔姆斯基认为人的智能结构和认知能力是人类大脑生物结构所固有的，人类所有的知识都是存储在大脑之中的。人类习得语言是人类先天具有习得语言的特殊机制的结果，即"语言习得机制"。它是在人们无法了解语言在人的大脑中是如何生成，而儿童又能在较短的时间里习得复杂的母语的背景下提出的一种假想。Chomsky 的普遍语法认为人类大脑中先天存在一种跨越不同语言的语法通则，语言获得的过程实际上就是"普遍语法"向个体语法（即特定语言的语法）转化的过程。假如没有这种天赋，在语言数据输入不充分的情况下，语言习得将不可能产生。也就是说，语言习得，包括二语习得是人类先天具备的语言习得机制的产物。由这一假说派生的"管约理论""原则－参数语法""最简理论"都根本上继承了原则，即人类有一个与生俱来的、自足的形式系统，这是生物进化的结果给人类的语法设定了原则。

3. 语言学理论基础

认知语言学认为语言是人的智能活动之一，是人类认知的一个组成部分，两者有着密切的联系。语言是人类普遍认知组织的一部分，它产生于个体认知发展的一定阶段。一方面，语言的发展以最初的认知发展为前提；另一方面，语言的发展又促进了认知的发展。

（1）认知发展先于语言，并决定语言的发展，语言是认知能力发展到一定阶段的产物，也有认识了的事物才能用语言表达。而且，从个系和种系认知能力发展的观点看，认知具有前语言阶段，即认识了的事物还尚未发展到具有外在语言符号的阶段。就此而言，认知是决定性的。

(2)语言能促进认知的发展。皮亚杰曾经说过,语言不能包括全部的认知能力,也不能决定认知能力的发展,但能促进认知能力的发展。语言的产生对认知能力的发展起很大的促进作用。一方面语言能帮助人们更好地思维和认知新事物。而且,人们可以借助于已有的语言更好地认识具有一定关联的新事物。另一方面,有了语言,人们才可以交流思想,交换信息,增加经验,从而互相沟通认识,互相调整、适应、趋同,促进种系和个体认知的发展。

　　(3)语言是巩固和记载认知成果的工具,人们认识客观世界的全部过程有两个:一是通过直接经验,二是通过间接经验。对一个人来说是间接经验的东西,其实是他人或前人的直接经验。人的直接经验和认知只有通过语言(口头或文字的)才能表达、交流、记载、保存,从而传给下一代,成为后人间接的认知成果。人们对客观世界的认识也只有依靠语言才能变个人的为集体的,变集体的为社会的、全人类的,形成全人类共同的认知成果,一代一代传下去,不断积累,不断巩固。

三、认知语言学的研究范围和基本假设

(一)认知语言学的研究范围

　　就语言本身而言,认知语言学认为语言不完全是形式的东西,不是一套规则系统,不能用生成和转换以及对形式描述的方法来对语言共性进行解释。语言的词汇和语法结构是不同层次的语言单位,是形式与意义相结合构成的具有内在结构的象征符号,具有真实的认知地位。句法的不同形式来自不同的语义。语义不是基于客观的真实条件,而是对应于认知结构,表层形式的句法结构又直接对应于语义结构,所以认知语言学认为语义结构才是语言研究的重点。语言的意义不限于语言内部,而是植根于人与客观世界的互动的认知,植根于使用者对世界的理解和信念。因此,语义知识和语用知识是不可分的,而语言形式是认识、语义、语用等形式之外的因素促动的结果。总之,认知语言学是在对认知科学一些基本问题进行深刻反思后而形成的新的认知观基础上建立的,是批判地继承和创新的结果。认知语言学的认知结构完形的组织原则来源于格式塔心理学,它的主客观互动的信念显然来自皮亚杰的心理发展的相互作用论。认知语言学也接受了认知心理学中关于原型和范畴的研究。意象、图式和扫描的观念直接受到认知心理学关于表象和知觉研究的启发。

认知语言学的一个最基本理论主张是，语义和句法之间存在着一对一的映射关系。这一论断包括以下两层意思：

（1）任何两个同素不同构的语法格式必然有不同的语义值，任何不同的语义结构都对应于不同的语法结构。

（2）任何语法标记都有自己的语义值。

以转换生成语法为代表的形式语言学理论的主要目的是建立一套形式化的原则和规则系统，试图从语言结构内部寻找对语言现象的解释。而认知语言学理论则是要提出一套心理分析的手段，试图从语言外部去寻找对语言现象的解释。正因为认知语言学的基本理论背景与形式语言学的基本理论背景是对立的，所以认知语言学的一些基本假设便主要地体现在与形式语言学理论的区别上面。

（二）认知语言学的基本假设

认知语言学理论认为，人的语言能力并不是一种独立的能力，而是跟人的一般认知能力相关。人的心智和思维一样，都产生于人在后天跟外部世界相互作用的过程中通过自己的身体得到的实际经验，即所谓的"体验构建"。人的整个概念系统都植根于知觉、身体运动和人在物质和社会环境中的这种体验构建，而人的语言能力本来就是人的一般认知能力不可分割的一部分，语言能力跟一般认知能力没有本质上的差别。认知语言学还认为，语言的结构特别是语法结构跟人们对客观世界（包括对人自身）的认识有着相当程度的对应或"象似性（iconicity）"关系，或者说语法结构在很大程度上是人的经验结构（人认识客观世界而在头脑中形成的概念结构）的模型。

认知语言学认为，句法作为语言结构的一部分并不是自足的，句法跟语言的词汇部分、语义部分是密不可分的，后者甚至更为重要。在认知语言学看来，形式语言学把句法独立出来甚至作为核心自治系统，再分成词法、句法、语义、语用等不同的部分，完全是人为的或是为了研究方便而已。实际上词法、句法、章法之间并没有绝对的界限；句法和语义、句法和词汇之间也没有绝对的界限。语言的意义跟人的知识和信仰系统分不开，纯语义知识和百科知识也不能截然分开，语义和语用之间也没有绝对的界限。因此，从词法到句法到语义再到语用，这是一个渐变的"连续统"。

认知语言学认为，语义不仅仅是客观的真实条件，而是主观和客观的结合，研究语义总要涉及人的主观看法或心理因素。认知语言学还认为，同一个现象由于人们的注意点不同或观察角度不一样，就会在头脑中形成不同的"意象（image）"，也就可能有不同的意义。

认知语言学认为，语言中的各种单位范畴，和人所建立的大多数范畴一样，都是非离散性的，边界是不明确的。形式语言学，包括传统语言学，往往认为语言中的任何东西，如词的类、句法成分的类、句法关系的类等，都是边界清楚和非此即彼的，比如是名词就不可能是动词，是主语就不可能是宾语，是主谓关系就不可能是动宾关系。而认知语言学则认为，一个范畴内部的成员之间并没有绝对的共同特征，只有某些地方相似，就好像家族内部成员的情况一样。这种观点被称作"家族相似性"，也就是说任何一个范畴都是一些特征的相交。

认知语言学在承认人类认知共通性的同时，还充分注意不同民族的认知特点对语言表达的影响。跟形式语言学强调的人类语言能力的普遍性不同，认知语言学有一个基本的观点：语法结构实际上是约定俗成了的语义结构或概念结构。不同民族的不同语言由于社会、文化、地理诸因素的影响，语义结构和概念结构约定俗成的方式也就不尽相同。

四、认知语言学的理论研究方法

（一）框架语义

框架语义学是研究词义及句法结构意义的一种方法。自 20 世纪 70 年代中期以来，菲尔莫就一直从事"语义框架"（semantic frame）的研究。由于语义框架这一概念在认知语言学的许多研究领域中起着重要作用，因此，研究语义框架具有非常重要的意义。框架语义学认为，要理解词语的意义，就必须首先具备概念结构，即语义框架的知识。语义框架为词义的存在及其使用提供了背景和动因。词语可以通过其所在的语言结构，按照一定的原则或方式选择和突出基本的语义框架的某些方面。因此，解释词语的意义和功能，就可以按照这样的思路进行：首先描写词语的基本语义框架，然后对选择方式的特点加以详细刻画。

（二）认知语法

认知语法是兰格克的语言学理论，最初称为"空间语法"（Space Grammar）。该理论认为，词汇与语法形成一个连续统，其描写只包括符号结构，并且所有语法成分都是某种概念输入的结果，尽管这种概念输入可能是抽象的或多余的。一个符号成分，词汇的或语法的，通常是多义的，具有一个以典型为中心的相关意义的家族，其中一些意义与另外的意义具有图式相关性。认知语法认为，意义是一种心理现象。心理经验的各方面都具有潜力作为一个语言表达式意义的一部分，以这种方式起作用的概念被称为"认知域"。概念的范围可以从基本的时间、空间、颜色概念到更高级别的概念，如概念合成物，甚至是整个知识系统。认知域的范围也是从丰富而详细的概念结构到高度抽象的意象图式（image schemas），而这些意象图式是认知结构和认知发展的基础。某些复杂概念也是基本的，它们存在于我们的经验中，在语言和认知中起着重要作用，兰格克把这种复杂概念称为"概念原型"（conceptual archetype）。

（三）认知语义

认知语义学的基本思想可以概括为下列几点：概念在大脑中并不以孤立的原子单位出现，其理解要依赖由背景知识组成的语境；心智或大脑中语义表征与经验世界之间的关系，认知语义学认为，心智在语义结构的建构过程中具有重要的作用，并以某种方式对世界经验进行概念化。不同的说话人可以用不同的方式对相同的经验进行概念化，这样，语言的许多方面，特别是语法结构、词语以及语法的曲折变化等，就可以看成是对不同经验进行概念化的编码；范畴结构的研究方法，认知语义学认为范畴有一个内部结构，通常称为"典型结构"，即是说，一个范畴涉及范畴成员之间的关系，而范畴延伸的关系就是一个范畴中典型成员与边缘（非典型）成员之间的关系；隐喻和转喻在生成语言学中被看成是语言的偏离现象，常被忽视或不予研究，但在认知语义学中，隐喻和转喻却具有非常重要的地位，被认为是"我们对抽象范畴进行概念化的有力的认知工具"；认知语义学中最重要的语义结构是意象图式，它们是隐喻的基础，并与人类的经验紧密相关；雷科夫和约翰逊认为，像"容器""路径""系联"这样的意象图式是最基本的意义载体，人们根据这些意象图式可以理解和认知更复杂的概念。

（四）句式语法

句式语法是语法分析的一种方法。在句式语法里，句法、语义以及语用信息是同等重要的，任何一方都不能独立于其他两方而起作用。句式语法采纳了传统语法的观点：语法是由形式和意义的规约对应组成的，即语法句式。句式语法的这种非模块特征实际上是把形式和意义看成是一个语法成分的一部分，而不是语法中彼此独立的成分。句式语法特别强调这样一个事实："语用信息"可能与特殊的语言形式具有规约的联系，从而组成语法句式。

（五）心理空间理论

心理空间理论是研究自然语言意义的一种方法。该理论认为，要理解语言的组织结构就要研究人们谈话或听话时所建立起来的域（do-main），以及人们用成分（elements）、角色（roles）、策略（strategies）和关系（relations）建构的域，这些域就是心理空间，它们不是语言自身的一部分，也不是语法的一部分。心理空间虽不是语言表征的隐藏层次，但语言离开了它们是无法表征的。从上述内容可以看出，认知范式中的诸多理论方法虽有一定差别，但它们在很大程度上是相互一致的，具有共同的研究目标和基本原则。

第三节　语言与认知的交互

一、语言的属性解析

语言是人类进行沟通交流的表达方式。据德国出版的《语言学及语言交际工具问题手册》，世界上查明的有 5600 多种语言。一般来说，各个民族都有自己的语言，语言是民族的重要特征之一。汉语、英语、西班牙语、俄语、阿拉伯语、法语是世界上的主要语言，也是联合国主要的工作语言。汉语是全球母语使用人口最多的语言，英语是全球使用最广泛的语言。语言和文字是两个概念，往往是先有语言，后产生文字。

语言的三要素是语音、语法和词汇，是由词汇按一定的语法所构成的语音表义系统。根据语言的要素特征和起源关系，把世界上的语言分成不同语系，每个语系包括有数量不等的语种，这些语系与语种都有一定的地域分布，不同的语言在发展过程中也在不断借鉴融合。

语言是人与人之间的一种交流方式，人们彼此的交往离不开语言。尽管通过图片、动作、表情等可以传递人们的思想，但是语言是其中最重要的，也是最方便的媒介。然而世界各地的人们所用的语言各不相同，彼此间直接交谈是困难的，甚至是不可能的。即使是同一种语言，还有不同的方言，其差别程度也不相同。

在一种语言环境中掌握某种语言后，虽然也可以学会另一种或几种其他语言或方言，可是原语言或方言的口音很难完全改变，总会留下一定程度的原来所说语言的口音。熟悉语言的人往往就能从这些细微的差别中区分出说话人的家乡所在地及其身份和职业特征。

语言是文化的一个重要组成部分，甚至可以说没有语言也就不可能有文化，只有通过语言才能把文化一代代传下去。语言是保持生活方式的一个重要手段，几乎每个文化集团都有自己独特的语言。

语言是在特定的环境中，为了生活的需要而产生的，所以特定的环境必然会在语言上打上特定的烙印。另外，语言是人们交流思想的媒介，因此，它必然会对政治、经济和社会、科技，乃至文化本身产生影响。语言这种文化现象是不断发展的，其现今的空间分布也是过去扩散、变化和发展的结果，所以，只有摆在时空的环境里才能全面地、深入地了解其与自然环境及人文环境的关系。语言也是不同物种间沟通的桥梁。

语言具备指向性，语言的指向性使语言的含义描述可以指向对应的事、物。如树、人、上等。语言的指向性受人为认可的事实。例如，"人"可以表示真实的"人"，但如果我们不认可其表示"人"转换另一个字符那么语言的指向性就会转换到另一字符上。

语言的描述性是语言含义的体现，语言具备描述性是语言能够交流的重要体现。语言的描述性受语言的指向性变化。如人/大人/小大人，人/人民/人民的等。语言是一种有结构、有规则的指令系统。语言的逻辑受语言的指向描述而变化。如我是一个中国人/我像一个中国人，$1+1=2/1 \times 1=1$，this is an apple/this is a car 等。

物质与物质之间的交流需要建立一定的联系，无论其是否相关。而两个非相关的物质要建立联系就必须采用一定的方式。而语言沟通是采用一套具有统一编码解码标准的声音（图像）指令输出，从而使得生物（人）与生物（人）获得沟通。语言的沟通需要采用一套具有统一编码解码标准的声音（图像）指令。而具有统一编码解码标准的声音（图像）指令并不为生物天生，因此，人类需要通过学习获得，而人类学习语言的过程就是语言传播的过程。

语言可以传播使得语言具备无限传播的能力，无限传播语言可以使得两个异时空/异地域的生物（人）可以获得相同的一套编码解码标准的声音/图像指令。因此从理论上来说，语言可以受公共大众共识传播并保存。但实际上语言时时都在进化，两千多年前无论是语音还是字符都与今天的语言变化较多。且不同地域的有特殊交际行为/语言的物种也有自己的特殊交际行为/语言。而现代语言却又是建立在有古语言的基础之上的。因此，可以说现代语言是古语言通过无限传播（传承）与进化同时并进而得来的。语言的无限传播是一种假象也是一个事实（已传承的事实）。

物种性（民族性）：一个物种进化出的特殊交流行为为一个物种所独有，国家、地域的不同，交际行为会有所差异。世界语言有很多，各国的语言都不同。即使相同的国家，地域的不同语言也有相差。即使是同一种语言，还有不同的方言，其差别程度也不相同。有的方言可以基本上相互理解，有的差别极大，好像是另一种语言，北方人听不懂广东话就是一个很好的例子。不仅在不同的地区，有不同的语言和方言，就是在同一地区，不同的社会阶层，不同年龄的人之间都会有特殊的词汇来表达其独特的感情，使另一阶层或不同年龄的人难以理解。如美国的黑人，他们虽然也使用英语，但是他们说的英语有自己的特点。

二、语言与思维认知的交互

（一）语言与颜色认知

起初关于语言相对性的研究主要来自对颜色认知中语言作用的探讨。有研究发现颜色词汇间的差异影响某些颜色感知的正确性，这无疑支持了语言相对论的观点。到 20 世纪 70 年代时，不少研究表明颜色认知具有普遍性，它并不受语言影响。经这一驳斥，语言相对论几乎到了无人问津的地步。不过，后来有些研究结果又为颜色认知中的语言相对性讨论带来了新的生机。Roberson 和他的同事们做了一系列关于颜色认知的实验，为语言影响颜色分类提供了丰富的证据。

他们比较了新几内亚的一个小部落 Berinmo 和英语母语者记忆焦点颜色的差异，该部落的语言有 5 种基本颜色名称，英语则包括 11 种基本颜色名称，结果发现比起英文中有的焦点颜色，Berinmo 人对自己语言中存在名称的那些焦点颜色的再认成绩更好。他们还从其他一些偏远地区使用的语言上找到了类似的效应。Winawer 等人发现俄语中深蓝和浅蓝是由不同的两个词语来表达，当俄语被试在做相关的颜色辨别时就比英语被试反应更快，并且这种语言间的差异在语言干扰任务条件下就消失了。Gilbert 等人在英语被试身上也观察到了类似的效应：从颜色名称不同的背景颜色中寻找目标颜色时（比如从蓝色中找绿色）被试反应更快，而在同范畴的颜色中寻找目标颜色（比如在不同深浅的绿色中找绿色）则更慢。和 Winawer 等人的研究结果一样，当被试接受一项语言干扰任务时，该效应消失。Thierry 等人在一个事件相关电位（event-related potential，ERP）研究中发现，由于希腊语用不同的两个词"ghalazio"和"ble"分别描述浅蓝和深蓝，而英语中"blue"一个词就包括浅蓝和深蓝，因此比起英语为母语的控制组，以希腊语为母语的被试在前意识状态下对浅蓝色和深蓝色的刺激产生了更大波幅的失匹配负波（mismatch negativity，MMN），且其潜伏期也更短。随着语言与颜色感知关系的研究不断扩展和深入，那些认为颜色认知具有普遍性的研究开始遭到质疑，它们的实验设计和对结果的解释都成了众矢之的。当然更重要的是，这一批语言与颜色认知的新研究为语言相对性提供了某些再清楚不过的证据。这在与颜色有关的分类上尤为明显，比如人们用以辨识颜色的词汇影响人们对可见光谱的分类，也影响人们对具体颜色的分类。语言对其他分类也有影响。例如，英语母语者强调层次，看到"海鸥－松鼠－树"三词，他们更倾向于根据分类学来对词汇进行归类，即把海鸥和松鼠放在一类；相反，汉语母语者强调事物之间的关系，他们更倾向于按主题来进行分类，即把松鼠和树归为一类。因此，语言实际上影响分类本身。

（二）语言与数字认知

研究表明，人类大概有三个数字表征系统：一个是快速识别小数字（≤4）系统，一个是估计大数目（比如桶里有多少沙，网里有多少鱼）的系统。另外还有一个说明确切数量的系统。研究者认为前两个系统是天生的、内在的，最后这个说明确切数量的系统显然需要后天习得，而一些证据表明该系统依赖语言。

Dehaene 等人采用俄语或英语对俄英双语被试进行准确和模糊数字加法训练，结果发现被试解答受训语言表征的准确数字加法问题比解答训练无关语言表征的加法问题速度更快，这说明在精确数字表征方面训练的成效是以特定语言形式储存的。另一方面，估计问题上被试的成绩并没有受到训练所用语言的影响，所以这部分数字系统似乎是独立于语言的。该研究的功能性磁共振成像结果支持了行为上的发现，精确数字任务涉及的脑网络包括了典型的语言区，而估值任务涉及的脑区并不包括典型的语言区。

（三）语言与空间认知

语言在空间认知中的作用是体现语言相对性的又一主要途径。许多研究表明，空间表征需要用到三种可能参考框架，也就是参考点中的一个。绝对（地球中心）参考框架把其坐标系主轴置于较大的环境之中（如一栋朝东的房子）。内在（物体中心）参考框架将其主轴置于物体（如，一辆车前面）。相对（自我中心）参考框架把主轴定义于自身（如，我左边的桌子）。

认为不同语言的人使用这三种参考框架的偏好和熟练程度不同，各种语言在参考框架编码频率上有差异。例如，英语中占主导地位的空间参考框架是相对框架和内在框架；Tzelta 语（墨西哥人说的一种玛雅语）中绝对框架和内在框架占主导地位。这些可以认为是与生俱来的概念随着人类的发展逐步被使用者的语言重塑了。于是 Levinson 率先利用德语和 Tzelta 语者检验这一假设。该研究向被试呈现排成一排的三个物体，然后将它们旋转 180°，要求被试把这三个物体归位。正如 Levinson 预料的那样，德语被试基于自我中心参考框架重新排列物体，而 Tzelta 语者似乎用的是绝对框架。当然，这些发现并不表明人们就不能使用其他参考框架，语言只是改变了人们使用参考框架的偏好。

另一方面，语言可能作用于焦点空间关系的认知，从而体现语言能使人们更关注某些方面的经历而不是另一些方面的经历。Bowerman 提出空间关系编码随语言不同而不同。比如，韩语中表示布局的动词区分布局紧凑还是松散但不区分是包含还是支撑关系；而英语的介词有着相反的功能。研究表明，5 个月的婴儿就能区别紧凑和松散，但 3 岁的英语儿童对松紧的敏感性就已经锐减。与此类似，McDonough 等人发现汉语成人保持着对松紧的敏感性而英语成人就对松紧的差异不敏感了。值得注意的是，这些研究都采用优先注意范式，因此他们的结果并不表示说英语的 3 岁儿童和成人不具有感知松紧差异或将这种差异概念化的能力，而只是说明这些被试没有特别偏好关注该差异而已。

总之，焦点空间关系研究表明人在早期（婴儿期）对广泛的空间关系差异都很敏感，随着成长他们开始偏好注意那些自己语言编码过的特定的差异。与参考框架的研究结果一致，关于焦点空间关系的研究结果同样不意味着人们失去了感知那些自己语言没有强调的空间关系差异的基本能力，语言只是改变了偏好而已。

三、语言与情绪认知的交互

语言影响情绪知觉最直接的证据来自语言干扰任务实验。Roberson 和 Davidoff 让被试在情绪面孔识别过程中朗读无关情绪类别词，结果被试判断目标情绪的正确率因此而下降，据此可以推测朗读无关情绪词阻止了判断所必需语言的通达。Lindquist 等人用语义饱和现象，即让被试重复朗读某一情绪类词语（如"高兴"）30 遍（与只朗读 3 遍对照），从而暂时降低了该词的语义通达性，发现这时被试在相应情绪认知任务中的正确率和反应时与控制条件相比都显著下降。

情绪词汇可能引起面孔知觉的切换。高兴和愤怒参半的面孔如果打上"愤怒"的标签就更容易被解构为愤怒，如果让被试解释为什么这些面孔体现的是愤怒的情绪时，它们就更加容易被解构为愤怒了。另外，把中性面孔判别为害怕或者恶心时的神经活动方式，与真正在看这两种情绪面孔时的神经活动方式，虽不是毫无差异却也非常相似。除行为上的证据外，神经科学也为语言对情绪知觉的作用提供了支持。情绪面孔的识别通常伴随着广泛的面孔识别网络，包括枕下回、额上沟、外侧梭状回激活程度的增加，但是有研究发现这一过程也会引起左、右额下皮层激活程度的增加。额下皮层是与语言加工相关的区域，它与语义加工联系尤其紧密。众所周知，左额下皮层，也就是布罗卡区，关乎语言的产生。而右额下皮层则关乎情绪性韵律的理解。

我们还可以找到一些更直接的证据表明语言对情绪认知的影响。有实验要求被试对漫画人物的情绪进行自由标注，在这种没有任何情绪标签可选的情况下，被试对情绪再认的准确度明显下降，这表明提供描述情绪的词汇可约束认知选择。一些事件相关电位（event-related potential，ERP）研究也有相似的发现：虽然表现出具体情绪的各个漫画人物引起的早期 ERP 没有显著差异，但当被试区别面孔与非面孔、中性情绪与非中性情绪、积极情绪与消极情绪，或者某种程度的唤醒度时，ERP 呈现出了显著差异。而且被试将漫画人物的情绪归类为愤怒或者恐惧时，如果那些面孔搭配的是与愤怒和恐惧不相符的身体姿势，就会表现出明显变化，这表明这些成分可以区分上述两种情绪类型。由此可推测被试是因为对面孔和身体进行了相应的归类才会察觉到它们不相符的。

我们在回顾语言与颜色的研究时曾经提到颜色实际上影响分类本身，因此语言对分类的作用不仅体现在颜色认知上，也体现在其他分类过程，其中包括对情绪的分类。情绪认知具有相对性，不同语言和文化背景的人将情感世界划分为不同的基本情绪。提到不同语言似乎形成了不同情绪类型。例如，Kundera 在她的书中说到捷克语中的一个情绪词"litost"，她觉得要将其翻译成其他任何一种语言都很难。它指的是一种突然看穿自己的悲惨之后的痛苦。在英语里找不到一个情绪词完全与之对等。

当遇到陌生人时，我们在很短的时间内就能形成对他们的看法即情感评价（affective evaluation），如这个人值不值得信任，喜不喜欢这个人。而我们对他人印象或评价的形成受情境信息的调节，因此语言作为一种情境信息可以帮助我们更准确地进行情感性社会评价。Bliss Moreau 等人将本来评定为中性的面孔与不同情绪效价的行为描述搭配，使原本中性的面孔被评定为了正性的或者负性的。与此类似，Baron 等人比较搭配了正性或负性描述性句子的面孔和没有搭配任何句子的面孔，发现搭配了正性描述的面孔在可信任度上的评分显著高于没有搭配句子的面孔，而后者在可信任度上的评分又显著高于搭配了负性描述的面孔。同时，Baron 等人还发现搭配了描述语句的面孔引起了背部内侧前额叶（dorsomedial prefrontal cortex, dmPFC）更强的反应。最近，Schwarz 等人用相似的范式同样验证了语言情境对情感性社会评价的影响并观察到了相应的大脑激活上的变化。

第二章 二语习得的理论认识

第一节 元认知与二语习得

一、元认知的界定、结构及功能

（一）元认知的界定

Flavell 在 1976 年提出了元认知（metacognition）概念，认为元认知是个人关于自己的认知过程及结果或其他相关事情的知识，以及为完成某一具体目标或任务，依据认知对象对认知过程进行主动的监测以及连续的调节和协调。简言之，元认知就是反映或调节认知活动的任一方面的知识或认知活动。元认知和认知是两个不同的概念，主要区别有四方面：

元认知与认知这两个概念究竟有无区别？Slife、Swanson 等人的实验研究对这一问题做出了肯定的回答。Slife 等人研究认知水平相当的被试在元认知能力上是否存在差异。被试有两组：学习障碍儿童和正常儿童，两组儿童的 IQ 分数无显著差异，且在 10 道数学题及数学成就测验的得分上是匹配的。结果表明，在进行问题解决时，两组被试在两项元认知指标上存在显著差异：学习障碍儿童关于自己的解题技能的知识和监测自己的解题成绩时不准确，倾向于高估。认知水平相当的被试在元认知方面却有不同的表现，可见，元认知与认知是可以分离的两个概念。

元认知和认知都属于人的认识和思维活动，二者的区别主要表现在以下几方面：

（1）认识和思考的对象不同。认知活动的对象是外在的、具体的，如记忆的对象是某个具体的事件或某篇文章，阅读的对象是某段具体的文字；而元认知的对象是内在的、抽象的，是主体自身正在进行的认知活动。

（2）活动的内容不同。认知活动的内容是对认识对象进行某种智力操作，例如，阅读某一篇文章，通过对这篇文章的字词进行辨认，句子、段落进行理解，最后达到对文章的整体把握。元认知活动的内容是对认知活动进行调节和监控，如阅读中的元认知活动有明确阅读目的、将注意力集中在阅读材料中的主要内容上、对当前阅读活动不断进行调节、自我提问以检查阅读效果、随时采取修正策略等。

（3）作用方式不同。认知活动可以直接使认知主体取得认知活动的进展，例如，个体阅读一篇文章，就可以知道这篇文章的大意、中心思想。而元认知只能通过对认知活动的调控，间接地影响主体的认知活动，例如，通过自我检查确认主体的阅读是否达到预期目标。

（4）发展速度不同。从个体认知发展看，元认知落后于认知的发展。研究表明，婴儿出生以后就有了一定的认知能力。而幼儿到了学前期才开始获得一些零星的、肤浅的元认知能力，这时元认知能力才开始发展。在大学生中，元认知能力存在着极大的个体差异，通过加强对元认知的学习和培养，能使大学生的元认知能力获得迅速发展和提高。

从本质上讲，元认知是不同于认知的另一种现象，它反映了主体对自己"认知"的认知。同时两者又是相互联系、不可分割的，认知是元认知的基础，没有认知，元认知便没有对象；元认知通过对认知的调控，促进认知的发展。元认知和认知共同作用，促进和保证认知主体完成认知任务，实现认知目标。

（二）元认知的结构

1. 元认知知识

元认知知识是指关于影响自己的认识过程与结果的各种因素及其影响方式的知识，包括：

（1）认知主体的知识，即主体能正确认识自己的兴趣、爱好、能力、学习特点以及自己在学习特定内容时的局限，同时也能认识到别人认知能力的特点与长处。

（2）认知对象的知识，主要涉及认知材料、认知任务以及认知活动。

（3）认知活动的策略知识，包括认知策略、元认知策略等，策略是提高效率的方法和技巧。

关于主体的、认知对象的、策略的知识，按照主体理解的深度和广度，结合主体的感觉、知觉、记忆、思维等认知特点以及动机、注意、情感、意志、性格等认知特点，组合成一个具有内部规则的整体结构，即元认知知识结构。

2. 元认知体验

元认知体验是指主体随着认知活动产生的认知体验或情感体验。元认知体验是个体对其认知经验通过反思而获得的更具概括性的经验，元认知体验一般发生在能够激发高度自觉思维的学习之中，因为这种学习要求事先有计划，事后有评价，并要进行策略选择，整个过程都有情感体验。

元认知理论指出，元认知体验在二语习得的元认知知识和认知调节之间、元认知活动和认知活动之间具有重要的中介作用。这就需要明确元认知体验和二语习得的交汇内容：在二语习得的认知活动初期，主要是关于任务的难度、熟悉程度和完成任务的把握程度的体验；在二语习得的认知活动中期，主要是关于当前进展的体验、自己遇到障碍或面临困难的体验；在二语习得的认知活动后期，主要是关于目标是否达到、认知活动的效果和效率如何体验，以及自己在任务完成过程中收获的体验。

二语习得同任何知识的习得一样，是一个以大脑这个信息处理器为中心，一头连接输入而另一头连接输出的信息处理过程。学习者的大脑具有一种与生俱来的语言习得机制。语言习得机制运行的前提条件是自然的语言输入，而自然的语言输入触动语言习得机制，使得学习者能够有意识地比较输入的语言与内在语言的异同，从而发现所学语言的结构。元认知理论认为，元认知体验可以激活相关的元认知知识，从而使二语习得过程中长时记忆中的元认知知识与当前的调节活动产生联系。元认知知识虽然为调节活动提供了重要的基础，但它只是为调节提供了一种可能性，它本身并不能保证调节活动的进行。在静态的元认知知识与动态的调节过程的衔接过程中，元认知体验起着关键的作用，它是连接动静的中介，沟通两者的桥梁。元认知知识是个体的长时记忆中贮存的一些陈述性、程序性和条件性的知识。根据记忆的有关理论，长时记忆中的知识并不能直接对个体当前的认知活动产生影响，只有当它被激活而回到短时记忆即工作记忆中时，才能为个体所利用。

元认知体验正是在激活相关的元认知知识的过程中起着关键的作用。这种对当前认知活动有关情况的觉察或感受会激活记忆库中有关的元认知知识，将它们从"沉睡"状态中"唤醒"，出现在个体的工作记忆之中，从而能够被个体用来为调节活动提供指导。元认知体验还可以为调节二语习得活动提供必需的信息。如果没有关于当前在二语习得过程中认知活动的体验，元认知活动与认知活动之间就处于脱节的状态，无法衔接起来。调节总是基于体验所提供的关于二语习得过程中认知活动的信息而进行的，只有清楚地意识到当前认知活动中的种种变化，才能使二语习得的最佳效果调节过程有方向、有针对性地进行下去。元认知体验的这种中介作用决定了只有通过元认知体验，个体才能基于当前二语习得进展的有关信息，并利用相关的元认知知识，对二语习得进行有效的调节。

3. 元认知监控

元认知监控是指主体在进行认知活动的全过程中，根据元认知的知识、体验积极地对认知活动进行积极的、及时的、自觉的监控和调节，以达到预定目标的过程，元认知监控包括制订计划、实际控制、检查结果和采取补救措施等四个环节。元认知监控是学习者根据元认知的知识和体验积极地对二语习得过程中的认知活动进行积极的、及时的、自觉的监控以达到预定目标的过程。根据二语习得的基本规律，元认知监控在二语习得过程中可分为四个环节。

（1）制订计划，做好准备。根据二语习得的设定目标制订计划，预计活动的结果，选择适当的策略，设想解决问题的各种方法，做好各种具体的准备，并预估其有效性。

（2）实施控制，调节过程。在二语习得的过程中：一要始终清楚活动的目标、对象和任务，在认知活动中严格执行计划，排除干扰，保证活动的顺利进行，如坚持在完成学习任务后才做其他事情；二要讲究策略，选择并采取合适的方式方法，如预习时在不懂的地方做记号；三要及时评价和反馈，当发现不足时及时修正，并调整策略。

（3）检查结果，反思总结。在二语习得的过程中，根据有效性标准来评价各种认知活动策略的效果，并根据认知目标来评价认知活动的结果，从而正确估计所达到的认知目标的程度和水平，思考和总结认知活动的经验和教训。

（4）根据反馈结果，对二语习得过程中出现的问题采取补救性措施，如在分析问题的主客观原因的基础上调整主观态度和认知策略，不断改进和创新二语习得的方法和方式等。

元认知知识、元认知体验和元认知监控三者互相依赖、相互制约，有机构成个体对认知活动具有高水平的自我意识、自我调节功能的开放的动态系统。具体而言，主体所拥有的各种元认知知识只有通过元认知监控这个具体的操作过程才能发挥效用，同时主体也要通过元认知监控这个实践性的环节，不断地检验、修正和发展有关元认知的知识，使主体所拥有的元认知知识结构更加丰富和完善。主体产生的关于某一具体认知任务的元认知体验，受相关的元认知知识的制约，同时元认知体验又可以转变成元认知知识而进入主体的长时记忆中，成为其元认知知识结构中的一部分。元认知监控的每一具体步骤的效应，都会对元认知体验产生影响，而元认知体验也会对元认知监控产生动力性作用。

（三）元认知的功能

元认知的实质就是主体对认知活动的自我意识和自我调节，元认知在认知活动中始终处于支配地位，研究表明，一个人的思维水平、智力水平的高低就是元认知发展水平的高低，综合有关研究，可以归纳出元认知的主要功能。

1．元认知能促进智力发展

斯腾伯格在智力三重理论中将智力分解为操作成分、知识获得成分和元成分。其中，元成分即指元认知，被认为是三种成分中最高级、最重要的成分，始终处于高层次的管理地位，在智力中发挥着核心作用。

2．元认知能提高认知效率

元认知能使学习者积极计划自己的认知活动，自觉选择较好的方法和策略，严格监控认知活动中执行策略的过程，并根据反馈信息及时发现问题和调节认知过程，从而增强认知活动的目的性、自觉性和灵活性，提高认知活动的效率和成功的可能性。

3．元认知能增强学习能力

元认知理论认为，学习过程既是对所学材料的识别、加工和理解的认知过程，也是对该过程进行积极的监控、调节的元认知过程。研究表明，元认知水平高的学习者具有较强的学习能力，元认知水平低的学习者则表现出较差的学习能力。因此，认知过程的有效性在很大程度上取决于元认知过程的运行水平。

4．元认知有助于主体性发展

在二语习得过程中，学习者是学习、认识、发展的主体，让学习者及时了解自己的学习方法和特点，监督和调节自己的学习过程，改进自己的学习策略，加强自己的元认知训练，从而形成学习的主体意识。这种主体意识的形成将有力加强学习者的学习积极性、自主性和创造性。

二、元认知对教学的促进作用

学习者在学习过程中对自己的感知、记忆、思维等认知活动本身进行再感知、再记忆、再思维的活动都属于元认知。它是学习者的自我意识和自我调节，主要是通过自我意识系统的监控，实现对信息的输入、加工、储存、输出的自动控制系统的控制，从而决定着自己的思维和行动。元认知可分为元认知知识，元认知体验和元认知监控。元认知过程的运行水平决定着认知过程进行的有效性。因此在教学中加强对学生的元认知能力培养，是提高学生学习能力的自觉性、能动性，增强学生的自学能力，解决"教会学生如何学习问题"的有效途径。

（一）提升教学效果与质量

元认知知识是指有关认知的认知，即人们对于哪些因素影响人的认知活动的过程与结果，这些因素是如何起作用的，它们之间又是怎样相互作用的等问题的认识。它包括三方面的内容：

（1）有关认知主体方面的知识，也就是关于自己或他人作为认知、思维着的认识加工者的一切特征的知识。如个人的兴趣、爱好、能力、限度，以及如何克服自己认知方面的不足的知识；知道人与人之间存在着认知差异的知识；知道理解与记忆的不同水平，在认识过程中有不同的作用，知道认知能力可以改变等。

（2）有关学习材料、学习任务和学习目的方面的知识。主体应认识到，不同的学习材料、任务和目的会导致认知的加工方式的不同或难度不同，会影响我们的认知活动的进行和结果。例如学生面临的任务是记住某些材料，他可能意识到此类材料比其他材料更难存储，而把这些材料里的新知识与先前学过的知识联系起来，可能会有助于成功地存储。

（3）有关认知策略方面的知识，指学习者对学习策略的调节与控制的认识，如能够了解影响学习和学习策略的各种因素是什么，各种学习策略之间有何不同，它们应在什么条件下使用，适用的范围有多大，什么样的方法对何种学习任务是有效的等。

从上述分析可以看出，学生是否善于学习，与其所具有的学习元认知知识密切相关，因此在进行教学设计时，我们首先要明确学生在"学会学习"方面的目标。如通过提问来控制学生的注意力，使之逐步由外界控制变成自我控制；通过形成性评价来逐步培养学生的自我评价能力；教会学生在听课或读书时通过记笔记来促使新旧知识形成联系，从而获得新的知识技能。

帮助学生用提纲法、图示法、列表法、编码法等重新组织所学过的知识，促进记忆，便于回忆。其次是培养学生的创造思维，让学生大脑中的创造因素释放出能量，迸放出创造的火花。比如填词是训练学生敏捷思维的好办法，古诗词讲究字数、平仄、韵律、对仗等。填一首词要从不同的角度和方向来考虑问题，需要从小就接受这种思维训练，古人经过长期的训练练就了这种思维。在教学中鼓励创造性思维，尊重不同观点与立场，给学生充足的学习机会，将评价的前因后果联系起来，丰富学生的学习元认知知识，提高他们的成绩。可见在教学中有目的、有计划地向学生传授有关学习方面的元认知知识，是提高教学质量的重要途径之一。

（二）激活学习方法

元认知体验是指任何伴随着认知活动的认知体验或情感体验，包括不知的体验和知的体验，其重要作用之一是激活元认知方法和认知方法。如学生感到（元认知体验）对课文的某一部分掌握得还不够，除非复习，否则不能通过考试，所以采用把课文从头复习一遍的方法（认知方法），用这种方法单纯是为了获得和改善知识，促进认知进步。元认知方法不是为了获得和改善知识，而是针对元认知目标（如估价对知识掌握的牢靠程度，从而引起另一种元认知体验）。如不确定自己是否已经很好地理解了课文实现了学习目标，需要采用一些方法（如就课文中的有关问题自己提问，并尝试着回答这些问题，注意回答是否正确等）来测评对课文掌握的程度，它实际是对认知方法的监控，并不直接获得和改善知识。

一般来说，元认知体验特别容易发生在能激活高度自觉思维的工作和学习中，因为在分析学习情境、制订计划、估价学习效果时，都要求高度的情感，这就需要也有机会让学生充分地思考与体验自己的认知活动，它可以补充、删除和修改元认知知识，把体验到的学习目的、手段和作业结果间的相互关系同化到元认知知识中。

元认知体验的思想在教学中有着重要的应用价值。教学中我们常常发现一些学生不会分析问题，解题犹如盲人骑瞎马，瞎碰乱撞，劳而无功，还有些学生习惯使用过滤法解题，仿佛用一串钥匙挨个儿试开一把锁，事倍功半。因此在教学过程中，努力创造问题情境，让学生有思考和探索的机会和时间，教会学生使用综合分析法解题，即列出全部条件综合各种数量关系，在问题目标与问题情境之间寻找决策的突破口，针对问题情境，从个人经验中找到可利用的隐含条件而形成决策，这样有助于产生不知的体验和知的体验、适度紧张和高兴喜悦的体验，有助于学生比较充分地意识到自己如何从不知到知的过程，在该过程中自己存在的问题是什么，问题的难点在哪里，用什么方法使问题得以顺利解决。从而激发学生的学习动机，提高学生掌握知识的程度，丰富学习经验，并在这种体验中自觉地掌握更多的学习方法。

（三）促进思维发展

元认知监控是指主体在进行认知活动中，将自己的正在进行的认知活动作为意识对象，不断地对其进行积极自觉的监视、控制和调节。表现在学习方面，即自我检查、评定、调节自己的学习，懂得哪些内容已经领会、掌握，哪些内容尚未领会、掌握，能正确地估价自己的学习水平，预测自己的学习成绩，合理地分配学习时间；能不断地得到自己的学习反馈，并以此来决定自己新的策略、方法，调整自己的学习，不断地适应新的学习情境。学生如能自己测定结果，自己评定结果，检查出差距并能校正，就能掌握技能。因此教会学生学会学习，懂得学习策略，这是知识学习的关键。

在教学中，加强学生元认知监控能力的培养，是开发学生智力、提高学生思维能力的关键和突破之一。学生在学习中是否善于根据学习活动的目的、要求，根据自己个人的特点和课文性质而相应地制订学习计划，选择合适而有效的学习方法，并根据反馈信息及时地调整学习方法，从而使问题最快地得到解决，最后将突出地从其思维智力活动的敏捷性、灵活性、深刻性等方面表现出来。学习能力强的学生和学习能力差的学生的重要差异之一，就在于他们对自己学习活动的监控、调节水平的不同。由此可见，加强对学生学习监控、调节能力的培养，不但有助于提高学生的智力，而且还能极大地提高教学质量和学生的学习效率。

（四）帮助学生提高元认知能力，以适应新的学习情境

分析升入中学后，学生学习能力分化的成因可以知道，升入中学后的学习发展状况与元认知能力直接相关。由小学到中学，是两个学习阶段的交替和学习情境的重大变化，在小学获得的元认知能力很难迁移到中学的学习上，新的学习情境同原有的认知能力、学习策略脱节。那些自我监控、自我调节能力差的学生就可能掉队，帮助这部分学生，就是从培养新的元认知能力入手。首先，要让学生了解新的学习情境，升入中学后，课文增长，难度加大，知识系统化，教师要帮助学生迅速地适应这个学习情境的重大改变。

三、元认知与英语教学

1. 认知主体知识与二语习得

Wenden 是第一个成功将元认知知识运用到第二语言习得研究的学者。

他认为，认知主体知识是指阻碍或有助于语言学习的认知因素和情感因素，包括年龄、动机、语言技能、性格和认知方式。研究发现，学习者对元认知知识的认知和运用能力越强，其对二语习得的传递功效就越好，语言学习成功的可能性就越大。而能力差的第二语言学习者常对自己的能力抱有消极的信念，在进行第二语言习得的时候他们就会对学习内容的实质、难度、要求等形成不正确或消极的态度，或者对自己完成学习任务所使用的策略产生怀疑，进而导致他们在学习任务中的表现更差。Horwitz 的研究表明，预先形成的信念会限制学习者使用策略的范围和广度；Wurr 也发现，对语言操作和使用的自我观念会影响到策略使用的多样性和灵活性。学习者的自我观念对语言焦虑的产生与否起着很大的作用，这种焦虑感作为学习者的情感体验又会进一步影响到学习者的策略选择。

2. 认知对象知识与二语习得

Wenden 指出，认知对象知识是指成功完成特定语言学习任务的程序性知识，以认知任务的性质、要求、目的以及是否需要有意识的学习等知识为基础。

在认知对象知识的认知上，凡是对最重要的任务、最难的任务、最想提高的任务、时间和精力投入最多的任务等认知积极到位，其语言传递的运用功效就会得到强化，语言学习效果就好。因此，学习者在第二语言习得中要深化对所选择的任务、内容和策略以及完成任务的方式、所偏爱的学习活动等的元认知。这就要求传授者对学习者给予认知心理学方面的理论指导，使他们在进行认知活动时有认识评价自己的意识，对认识对象有进行组织加工的意识、精选认知策略的意识以及监控和调节自己的意识，学习者的元认知知识要素就会得到优化，语言传递功效就大。

与此同时，传授者还要激发学习者的认知动机，因为学习者的认知动机越高，其计划性、控制能力、调节能力和自主学习能力就越得到强化，从而采取相应的灵活认知策略来完成学习任务。Carrell 对第二语言阅读与任务要求的技能和策略研究获得了类似的发现。

3. 认知活动策略知识与二语习得

大量研究表明，元认知策略的使用在第二语言习得中起着重要作用。认知活动策略知识是指学习者所有语言学习策略以及对这些策略的有效评价的已有知识。在认知活动策略知识的认知上，凡是能正确认知并选用正确的策略，其语言传递的运用功效就会得到提高。元认知策略负责对学习活动的计划、组织、监控、调节和评价，它是构成第二语言学习策略的必不可少的内容。在二语习得过程中，传授者要有意识地培养学习者的认知策略意识，做到知识传授和能力培养并举，促使学习者不断提高策略水平。Casanave 认为，元认知策略意识是有效建构理解监控的基础。

在学习活动中，认知策略是提高学习效率的必不可少的策略知识，是元认知策略应用的基础；元认知策略则对认知策略的选择、转换、执行具有统帅与导向作用。对学习者来说，如果只拥有众多策略性知识而缺乏元认知策略来帮助自己决定在哪种情况下使用某种策略或改变策略，那么无法成为一个成功的学习者。反之，如果没有可供使用的策略性知识，那么元认知策略的运用则缺乏相应的对象。Carrell 通过研究二语习得中成功阅读与元认知策略之间的关系发现，成功的阅读依赖于策略是否在元认知水平上使用，即根据任务目标和解决问题的需要来选择和转换策略的意识和灵活性。大量的元认知策略意识训练研究发现，当学习者的策略意识通过小组讨论而提高时，他们在二语习得过程中使用认识策略和记忆策略的频率会大大提高。

第二节　内隐学习与二语习得

一、内隐学习的内涵及其机制

内隐学习是指有机体在与环境接触的过程中不知不觉地获得了一些经验并因之改变其事后某些行为的学习。相反，外显学习则类似于有意识的问题解决，是有意识的、做出努力的和清晰的。内隐学习一词最早由美国心理学家 Reber 于 1965 年提出。他通过实验首先提出和界定了内隐学习的概念，他将内隐学习界定为无意识地获得关于刺激环境的复杂知识的过程。他认为，人们学习复杂任务时能够按照本质不同的两种学习模式来进行，一种是人们所熟悉的外显学习模式，凡是需要付出努力、采取一定策略来完成的活动都属于外显学习。这种学习过程的特点是受意识支配和需要按照规则做出反应的外显加工。在内隐学习中人们并没有意识到控制自己行为的规则是什么，但却学会了这种规则。一个明显的例子是人们能够辨别出哪些语句是符合语法的，但未必能说出语法规则是什么。内隐学习不同于外显学习，就其产生的各种条件来看，内隐学习是在偶然的、关键信息不明显的条件下进行的，获得的知识是难以有意识地加以表述提取的。

二、内隐学习的运用与实践

（一）语言类学习

自然生活中，语言是重要而普遍的现象。它不仅包括大量的词汇，由复杂的语法规则构成，而且能够排列为有丰富意义的语言流。它既不同于实验室创造的人工语法，也区别于人为安排的序列顺序。可以说，语言是内隐学习在自然生活中最理想的研究对象。事实的确如此，无论是母语的自然获得还是第二语言的内隐学习，都吸引了诸多研究者的兴趣。

在真实世界中，母语是人们的第一语言，从一出生人们就浸润在母语的氛围中，因此可以说人们在多年的浸润中，对单词的拼写规则已进行了内隐学习，因为实验证明语言的拼写规则几乎是不可能外显传授的。

在 Cleeremans 的一项研究中，选取母语为法语的一至五年级学生为对象，用对词汇的判断任务调查他们对正确语法规则的内隐学习。为了避免每个对象对单词的敏感性不同，实验所使用的材料是词汇。实验一、二均使用是非判断；实验三、四则进行填空测验。

结果发现被试对于非词的偏好完全遵循母语单词的拼写规则，他们对拼写规则非常敏感，且敏感性从低到高依次为：双辅音字母的频率规则；元音从不双写的规则；双辅音的位置规则。由此可见，迁移现象不仅仅出现于实验室的抽象规则知识，而且能够在自然情境中发生。在长达 5～8 年的母语学习中，潜在的规则已经不知不觉地迁移到了词汇中。

侯伟康和秦启庚对国内中学生进行了汉字特征的分类研究。他们在汉字特征识别范围内探讨了学生汉字的内隐学习特点，实验采用特征分类方法测量内隐、外显学习，这些特征包括显著性特征－笔画维度，非显著性特征－汉字偏好维度。结果发现：

（1）在汉字偏好特征的学习上，外显学习难以获得底层规则，操作仅处于随机水平，而内隐组被试则表现出更强的底层规则的迁移特性，而且，这种底层规则的顺利迁移过程不需要有意识的控制加工就能完成。

（2）汉字的偏好特征还表现出高潜力的内隐知识。外显组同时使用了两种维度进行分类，而内隐组仅使用笔画维度进行分类，但内隐组选择力却丝毫不逊外显组。由此可见，法语、汉语母语被试对象均表现出极强的内隐学习特点，这表明母语规则不仅能够内隐获得，而且母语的内隐学习是强有力的。

而在第二语言学习的研究中，内隐学习的作用也得到了研究者们的充分肯定。只是在外显学习与内隐学习何者对语言学习更具贡献的问题上，研究者尚存在争议。

例如 Bialystok 运用法语语法判断任务考察了规范的外显知识和直觉的缄默知识之间的不同作用，结果发现：内隐与外显学习各有优势。在判断句子语法是否正确时，缄默知识非常有利；病句的进一步分析则需要语言外显知识的介入。而 Michas 和 Berry 对希腊语学习的研究结果则表明：尽管内隐学习也能够掌握规则知识，但是其成绩却比外显学习的差。

鉴于此，一些内隐学习论者提出，第二语言的学习应当遵循母语（第一语言）的获得方式，将个体置身于纯粹外语环境生活中就可以产生充分的内隐学习，从而掌握第二语言；另一些学者则认为，外显知识是缄默知识的必备先导，应重视规则的教授。

暂且不论内隐学习和外显学习何者唱主角，有一点是可以肯定的，内隐学习在语言教学中的作用不容忽视。语感的培养就是一个很好的例子。语感是对语言从形式到内容，包括语音、语义、语法、语用在内的综合的感知、领悟和把握的能力。

人们获得语感的过程是自动的，无须意识努力去发现语言结构的规则，却可以在言语行为中准确地使用它们；语感获得后人们就能够对语言规则进行迁移，从而在以后的言语活动中更加自如地运用这些规则；人们对语感的认识是"只可意会，不可言传"。因此可以说，语感是通过内隐学习获得的。

可见，我国传统语文教育中，"书读百遍，其义自现"，"涵泳""吟诵"等教学方法有一定的可取之处，因为它们符合内隐学习的规律。相信我们每一位上过学念过书的人都明白背诵对语感培养的意义。如今的笔下生辉和妙语连珠离不开儿时不厌其烦的背诵；李白、杜甫、苏东坡、李清照等伟大的文学家，也是在这一代又一代学童的摇头晃脑中涌现出来的。

按照内隐学习的理论，也就是说对一些符合文字规则的精品进行过度记忆会导致个体能够随心所欲地驾驭文字及其组句规则，持之以恒的背诵带来了某种惊人的能力——语感。而在第二语言的学习中，学生应该最大频次、最多形式（如听、读、写）地与词汇进行接触；在教授复杂的语法结构时，更应该让学生反复实践自然而然地掌握语法规则。

当然仅仅靠内隐学习也是不够的，只有将两者有机结合才能发挥最好的学习效果。因此外显与内隐学习应当双管齐下。例如，既要精读也要泛读，既要精听也要泛听。

（二）运动类学习

近些年来，内隐学习的应用研究除了在教育领域引起广泛关注外，在运动领域也放射出光彩，人们渐渐对这种普遍且强大的学习方式产生了浓厚的兴趣，各种研究更是不断涌现。运动技能的内隐学习研究最初是由健忘症病人的研究发现，研究表明，健忘症病人虽然不能回忆起刚刚发生的事，但却能够进行正常的动作技能学习。

例如在操作镜画（mirror drawing）任务中，病人的学习曲线与正常人无异；在转子追踪（pursuit rotor）、双手跟踪（bimanual track）等其他学习和测验任务中，病人也表现正常的学习能力。健忘症病人在意识明显受损的情况下，仍然可以正常学习动作技能，这意味着动作技能学习可以内隐地获得。Ammons 等人发现，通过内隐策略习得的技能能够保持相对较长的时间，而通过外显策略获得的技能只能保持相对较短的时间。

这个发现对于运动领域具有重要意义：对于运动技能的掌握，尽量使用内隐学习方式，而不是外显学习。"拳不离手，曲不离口"就是这个道理。Magill 采用 Pew 的轨迹追踪任务，对不同重复概率和学习方式（内隐学习与外显学习）的学习效果进行了研究。结果表明，在 100%的重复概率下，内隐学习组的成绩与外显组的成绩没有显著差异，说明内隐学习与外显学习一样可以提高被试对象的操作技能。

但在 50%的重复概率下，内隐学习组的成绩明显好于外显学习组。这表明在模糊的规则条件下，内隐学习比外显学习有优势。Masters 对应激条件下的内隐学习进行了研究。他的实验被试包括外显组和内隐组，两组被试分别使用外显策略和内隐策略练习高尔夫球的击球任务。实验结果显示，在应激条件下，外显学习组被试的技术动作不连贯或有中断现象，而内隐学习组被试的操作绩效仍能持续进步。

据此，Masters 提出：在把生手训练成行家的过程中，把外显学习降低到最低效限度，练习者就会较少地出现压力情境下的技术中断情况。这是因为内隐学习比外显学习抗干扰能力强。通过以上研究，我们可以看出运动技能不仅可以内隐获得，而且内隐学习在运动技能领域还表现出外显学习无法比拟的优势：内隐学习不仅能使运动技能保持时间更长，而且还有利于复杂运动技能的掌握，以及对各种应激条件的适应。

受此启发，在运动技能的教学中，我们应注重发挥内隐学习的作用。为了培养学生的体育能力，应该在儿童早期进行多项或单项的体育运动项目训练，因为这对促进学生对以后体育项目的喜爱和提高单项技能有很大好处。另外，除了进行体育课堂教育外，学校应坚持多渠道、多途径、持久地进行体育知识的宣传和引导，通过宣传橱窗、广播等形式大力宣传学校体育在培养学生体育能力、体育意识方面的作用，让学生不自觉地受到熏陶。

也就是说，对学生或运动员某一技能的训练，应该让练习者在多种不同的环境中进行练习，采取任何可能的方式将学生置身于大量的体育情景学习中。也提出，如果学习者能够内隐地获得环境规则知识，我们就没必要在他们练习时去问他们究竟看到了什么、想到了什么；向学习者提供一些简单明了的语言线索，指明环境中重要信息"在哪里"，而不是"是什么"，让学习者在多种不同的环境下练习。

（三）书法学习

除了语言学习和动作技能学习以外，书法也是现实生活中常见的内隐学习。从儿时父母手把手的指导到学龄期间的不断练习，从横竖不分、歪歪扭扭到行若流水、独具一格，我们的确无意之间领悟到了许多有关写字的规则，但是我们却无法道明这其中的奥妙——下一笔的起始位置到底在哪里。

现实生活中的书法属于知觉－运动领域的技能，书法中内隐加工的表现形式为知觉预期，即人们能够根据当前的笔画预测下一笔的起始位置，对于英语来说则是根据当前字母的特点对即将出现的字母进行预测，这种预测是内隐的、迅速的、自动化的。

Kandel 等人对书法运动的知觉预期进行了深入的研究，结果表明被试能够从当前字母的规则中预测出下一个字母；而且字母呈现的速度越接近真实生活中的书法，被试的预测越准确，但被试并未意识到字母的外显特点。

这就证明真实的书法活动中也存在内隐学习。概括地说，知觉预期正是通过内隐运动知识进行的。鉴于书法学习的不知不觉性，书法练习应当尽量利用内隐学习的效果。例如在书法教授和书法练习中，应当注重在实践活动中激发内隐学习，并恰当地将内隐训练和外显训练结合起来。

三、内隐学习在二语习得中的作用

第二语言习得是指个体（语言学习者）在母语习得之后的任何其他语言的学习。它是研究语言习得环境、习得过程和习得规律的科学，它涉及了心理学、社会学、教育学、社会语言学等多种学科。在第二语言习得研究领域，母语和第二语言的关系一直为研究者所关注。

（一）内隐学习在二语语音、阅读中的作用

一些内隐学习论者认为，外语学习遵循母语的获得方式，简单地暴露于标准语言之下足以产生充分学习。另一些学者则认为，外显知识是内隐知识获得必要的前提基础，故应重视规则的教授。而 Michas 和 Berry 在关于第二语言语音学习的研究中，提出内隐学习在第二语言语音学习中不具有优势的观点。通过视觉呈现来进行语音学习并通过音标的书写来进行测试的，这是脱离人们学习语音的实际情况的。在现实生活中人们主要通过听觉来学习语音。Michas 和 Berry 的实验未必能对实际外语语音学习中内隐学习的作用做出很好的判断和预测。为了进一步探讨第二语言学习中掌握语音规则的最佳方式，他们以符合英语语音规则的人造无意义单词作为刺激材料，并直接通过听觉呈现给被试。研究通过运用匹配和编辑这种内隐和外显学习的强分离程序，且增设时间变量，考察被试对象在 4 种不同学习方式下对语音规则的掌握情况，以弄清在语音学习中内隐与外显学习各自的贡献和作用。结果表明：

（1）内隐与外显结合的学习方式效果更好。这个实验运用内隐和外显学习的强分离程序，通过匹配和编辑两种手段的混合来探讨内隐与外显学习之间的关系。实验结果表明，匹配→编辑组和编辑→匹配组的成绩为最好，且与其余两组差异显著。

（2）语音学习中存在内隐学习的优势效应。一般认为，如果内隐学习的成绩比外显学习好或者相等，则存在内隐学习的优势效应。在这个实验中，比较编辑组（外显组）和匹配组（内隐组）的成绩后发现，匹配组的成绩与编辑组相比没有显著差异，表明在语音学习中内隐学习不比外显学习差，存在着优势效应。

（3）内隐学习的长时效。Mathews 曾以英文字母为研究材料，提出了内隐学习的长时功效现象，即随着时间的增长，学习成绩呈现的逐步上升的趋势。

国内学者做的一些内隐学习的实验也揭示了长时效应的存在。实验中无论是哪一组，随着学习的进行，学习成绩都逐步提高。这又一次证明了内隐和外显学习一样，都存在着长时功效现象。内隐学习长时效应的存在也给了人们一个启示，即在学习时，特别是类似培养外语语感这类内隐学习时，要持之以恒。无论何种学习都是要通过一定努力才能达到一个很好的效果。如果经过长时间的内隐学习并且给予正确的外显强化，把积累的

内隐知识提到意识中来。学习的效果将得到质的飞跃。从心理学角度看，阅读可分为综合性阅读与分析性阅读，主要是对阅读投入时间与精力的集中与分散，是从阅读范围和要求的宽度和深度来划分的，两者既有区别，又有联系。阅读获取信息属于输入，表达思想属于输出，语言的输入一定要充分，要远远地大于输出，因为在输入和输出之间会有部分信息丢失，即学习者不可能将所有输入的语言信息都消化和吸收。只有通过大量的实践活动，才能获得英语及其文化的内隐知识，结合教师在课堂上对语言规则进行的外显指导，驾驭英语的能力就会水到渠成，而仅靠语法知识的学习是不能够达成这一目标的。因此在实际的教学环节中可以给学生提供大量的、适合他们的水平并能够引起他们兴趣的阅读和音像资料，让他们在轻松的阅读和视听活动中自动产生对言语理解、言语生成的综合全面的直觉能力，同时在课堂讲授的外显指导下，逐步地将自己的语言知识整合，使之更加系统化，以达到提高语言综合运用能力的目的。

（二）内隐学习在二语语法中的作用

目前，国内英语语法教学中常见的弊端有两种。一种是过于着重语法规则的讲解，而忽视了让学生去体验和感悟语言，多见于应试压力沉重的中学阶段。贯穿这种教学过程始终的是枯燥、乏味的外显认知，而源于鲜活情境的内隐认知却难寻踪迹。另一种常见的弊端是过于强调语言的交际性，而忽视甚至放弃了语法规则。随着交际教学法引入，人们逐渐认识到语言的交际能力是语言学习的核心，这是语言教学理念的一大飞跃。同时还应当注意到，在语言的实际运用中，通过内隐认知所获得的语法知识不一定正确和全面。因为这主要取决于学习者所接触语言的质量、频度、广度以及其内隐认知能力的高低。上述弊端的根源在于割裂了内隐认知和外显认知，故而有效的英语语法教学必须注意这两大认知机制协调合作。有研究者认为，内隐认知研究至少可以给英语语法教学提供如下启示：在语法教学中要强调语言的生动有趣。这就要求教师在课堂上要有选择地向学生呈现隐含某些特定语法项目的音像文字材料，并通过讲解、手势、图解等方式让学生理解该语言材料的意思。不仅如此，教师还应有针对性地指导学生在课外进行大量的阅读，并收听、收看英语节目。这样，学习者在接触这些鲜活的语言材料时，其内隐认知将自动帮助他们认知语言材料中所隐含的语法规则，形成语感。当然在语法教学中要注意先内隐后外显的顺序，鉴于内隐认知在认知系统中具有基础性地位，在外显教学之前先让学生获得内隐知识将有效提高教学效率，这一点也符合教育学中，"先感性后理性"的教学原则，让学生在潜移默化中学得枯燥的语法知识。

（三）内隐学习在二语写作中的作用

内隐学习和外显学习各有特点和功能，具备不同的优势和发生条件。一般来说，在情境多变、紧张刺激、事物结构高度复杂、关键信息不明确、个体生理条件差的学习情境中，内隐学习的效果优于外显学习；反之，在常规的学习情境中，外显学习仍占主导地位。两者既相互独立，又相互作用，相互转化，互相不可替代。运用上述内隐学习的研究成果对写作教学过程进行分析就会发现，写作学习从总体上来看是一种内隐学习占主导地位的学习过程。既然写作学习是一种内隐学习，而且情境越是多变、事物结构越是复杂、关键信息越不明确，时间越是紧急，内隐学习的地位就越显重要，那么在写作教学中如何处理好内隐学习与外显学习的关系呢？

首要问题是处理好课堂教学的外显性与实际学习的内隐性的矛盾。常规的课堂教学一般是一个知识的高密度传授过程，外显学习的特点十分明显。讨论式教学法、情景式教学法、案例教学法、示范教学法、交际式教学法、实际操作教学法的引入实际上都是在为学生的内隐学习创造相对有利的条件，使写作教学更加符合写作学习的内隐特征。写作课程的课堂教学要处理好这对矛盾，一是要对明确的关键信息给予必要而有重点的讲解；二是要对重要且常用的文章形式通过例文给予灵活的展示，给予深入的分析。力求让学生借此外显的信息，见彼内隐的"同本异末"；三是提供必要的条件，促使学生充分利用课余时间，从事内隐的写作学习。并利用课堂教学的时间，或利用第二课堂的形式给予辅导和鼓励，同时鼓励学生认真学好各门课程，注重实践，接触社会，体验人生，以更深入地理解和把握写作对象复杂的内部结构。

（四）内隐学习在二语词汇中的作用

词汇是构筑语言大厦的基础，只有具备一定的词汇量，并能准确地理解单词才能熟练地进行听、说、读、写。不可否认，人们只有在对单个单词的认识达到快而自动化后，才能在阅读时把注意力集中到理解的过程，因此在外语学习中，掌握大量的词汇是必需的。内隐记忆中的重复启动效应实验却表明任何学习都是有作用的。在词汇补全、词汇判断等实验中，先让被试接触或学习一些词汇，在随后的测试任务中，表明被试对先前学习过的词无论是反应的准确性还是快速性都较没学过的要好,这表明第一次学习对第二次学习是一种启动,即先前的经验促进了后一项任务的提高。同样。单词记忆中,即使学完马上就忘记了,也并不说明这种学习是徒劳无益的,只要经历过,学习过,就会受其影响,并且有所提高,这是一个潜移默化的过程。

第三节　构建主义与二语习得

一、构建主义及其与传统学习的区别

(一)构建主义学习观的认识

建构主义是关于知识和学习的理论,它论述了什么是认识以及个体如何认识的问题。建构主义的哲学基础可以追溯至文艺复兴时期意大利民族哲学家、人文主义者加姆巴蒂斯达·维柯,他在《论意大利最古老的智慧》一书中提出"一切运动都是构成的""人们只能清晰地理解他们自己建构的一切"的观点被认为是建构主义发展的哲学基础。在20世纪,对建构主义学习观有着最直接贡献的是皮亚杰的儿童认知发展理论。皮亚杰认为,儿童是在与周围环境的相互作用过程中,逐步建构起关于对外部世界的认识,从而使自身认知结构得到发展。在皮亚杰理论的基础上,斯腾伯格和卡茨等人强调了个体主动性在认知建构过程中的关键作用,并对认知过程中如何发挥个体主动性做了认真探索;维果茨基创立的"文化历史发展理论"则强调认知过程中学习者所处社会文化历史背景的作用。所有这些研究都为建构主义理论的丰富和完善、建构主义学习观的形成及其在教学过程中的运用奠定了基础。

学习在本质上是学习者主动建构心理表征的过程。这种表征既包括结构性的知识,也包括非结构性的知识和经验。结构性知识是指规范的、拥有内在逻辑系统的、从多种情境中抽象出来的基本概念和原理,具有学术性和专门性的特点。非结构性的知识和经验是指在具体情境中形成的、不规范的、非正式的知识和经验,具有情境关联性、非规范性的特点。建构主义学习观认为"非结构性的知识和经验"对人的高级学习具有决定性影响。

建构主义学习观重视学习者先前建构的知识结构。建构主义认为,知识建构的过程即是学习者通过新旧知识之间反复的、双向的相互作用,吸

纳新知识来重构和调整自己知识结构的过程。这要求学习者在建构过程中，一方面要以原有的知识经验为基础审视外部信息；另一方面要依据新经验对原有经验本身做出调整和改造，不能简单提取和套用。

建构主义学习观强调学习环境的复杂性和学习任务的真实性。学习环境由情境、协作、会话和意义建构四个要素组成。情境是意义建构的基本条件，师生之间、生生之间、师生与教材之间的协作和会话是意义建构的具体过程，意义建构则是建构主义学习的目的。建构主义鼓励学习者在真实情境中学会解决问题，包括不确定的、"结构不良"的问题，特别是那些似非而是或似是而非问题的解决。

建构主义学习观下的教学策略：以学习者为中心。这要求在教学时应仔细考虑学生带到教室情境中的已有知识、技能、态度和信念，最大限度地促进学习者与教学情境的相互作用，主动进行意义建构。这意味着学习者不是被动的外部信息的接受者，可以对外部信息做主动的选择和加工。

（二）构建主义学习观与传统学习的区别

如何改变简单传授、被动接受的教学模式，真正发挥学生在学习活动中的主动性，是当前世界各国在教育改革背景中面临的一个共同问题。在全球性的教育改革背景下，建构主义者提出了一系列关于教与学的新设想，这些设想日益受到教育界的关注。建构主义认为，知识不是通过教师传授得到的，而是学习者在一定的社会背景下，借助他人（包括教师和学习伙伴）的帮助，利用必要的学习资料，通过建构的方式而获得。建构主义的教学模式是："以学生为中心，在整个教学过程中由教师起组织者、指导者、帮助者和促进者的作用，充分发挥学生的主动性、积极性和创新精神，最终达到使学生有效地实现对当前所学知识的意义建构的目的。"通过对建构主义教学与传统教学进行比较，我们能够更深入理解建构主义教学法。

1. 关于学习过程

传统的教育模式是"前测——教学——后测"，这是一种简单的线性的教育模式。这种教育模式确定面向所有学生的高标准，并设置与这些标准相一致的课程；建立评价方式，用以测量所有学生是否达到这些标准。在这种教育模式下，经过精心设计的课堂教学实践是为学生考试做准备的。大量证据表明，在这种教育模式下，尽管完成了所有的作业，通过了所有的考试，但大多学生根本没有学习。即使那些能够获得考试高分以及荣誉证书、证明自己成功的学生，也常常感觉不能将自己从学校里获得的知识、信息与对世界的解释联系在一起。

建构主义认为，学习并非一个简单的线性过程。学习是一个寻求理解、构建个人意义的复杂过程。在这个过程中，每个人通过将新经验综合进已经理解的事物，来为世界赋予意义。在遇到自己不明白的物体、思想、关系以及现象时，要么解释所目睹的事物，使其符合现有的规则，以便解释和整理我们的世界；要么形成一系列新规则，形成新的理解，用以更好地解释我们所观察到的事物。

2. 关于教学目标

传统教学中，学习被认为是一种模仿活动。学生在学习时，将教师新近提出的信息存储在短期内记忆里，并在报告、测验、考试中重复或模仿这些新信息。而随着时间的推移，大多学生遗忘了原先记住的这些知识。事实是，学生从不曾遗忘，而是从来就没有学会我们认为他们已经掌握的那些知识。

建构主义的教学目标在于深入理解。建构主义希望学生能够为自己的学习承担责任，成为独立的思考者，提出重要问题并寻找答案，形成对概念的完整理解。在活动过程中，建构主义教学帮助学生将新信息进行内化、改造、转换，建构主义教学所寻求的不是学生能够重复什么，而是能够创造、证明和展示什么。

3. 关于课程的展示顺序及重点

在传统课堂上，课程的展示由部分到整体，重点为基本技能。传统教育大都将整体分割成部分，并将焦点放在每个单独部分，要求学生在没有见到整体的前提下去学习部分，在只能看到差异的地方建立联系，努力理解那些独立存在的概念，但多数学生不能从部分到整体建立概念和技能。当教师将所有的部分呈现在学生面前，而且强调那些零散琐碎的方面，忽略整体，最终导致学生们放弃探究整体。

在建构主义课堂上，课程展示由整体到部分，重点为重要概念。围绕基本概念建构课程是建构主义教学的重要做法。建构主义教师设计课程时，围绕问题的概念群组织信息，使问题和概念以整体的方式呈现给学生而不是单独孤立地被提出。由学生亲自建构过程来理解信息，将整体分割成自己能够理解的部分，进而了解概念的整体含义，建构对知识的理解。

4. 关于是否严格遵循固定的课程

传统教学高度重视严格遵循固定的课程。大多成套的国家及地方课程都有一定的范围、顺序和相当严格的时间表，目的在于规范教学实践，确保教学内容的完整广泛，却忽略了学生的智力发展。

在许多学校，课程被视为绝对，即便学生有时很明显地表现出无法理解重要概念，教师也不愿意去改变课程。当学生回答问题不准确或不够迅速的时候，教师为了赶教学进度就代替学生回答。课程的威力及神圣，深刻反映出学生自己提出的概念居于次要地位。多数课程只是将大量信息浓缩到极短时间内，使学习者得不偿失。在强调学习内容覆盖面的过程中，我们赢得了战斗，却输掉了整场战争。

建构主义教学高度重视学生提出的问题。教师针对学生正在做以及正在观察的事情不断地向他们提出问题，不断地与学生对话，认真听取学生意见，收集关于学生认知和情绪变化方面的信息，不断指导学生的理解过程并相应地改变教学内容，调整课程计划，为学生提供新出现的概念相关性，帮助学生建构重要的个人理解。

5．关于资料的来源及作用

在传统教学中，课程活动主要依赖于教科书和练习册。多数教师十分依赖教科书。通常，教师向学生传递的信息与教科书上提供的信息完全一致，学生只获得关于复杂问题的唯一观点，唯一真理。课堂中很少考虑社会现象具有可以选择的解释。而我们为学生提供的学习资料，是为帮助他们准备考试的。

在建构主义者看来，课程活动主要依赖于直接的资料来源和可操作的资料。教学建立在有感染力的真实问题或真实事件基础上。教师努力为学生提供学习资料，创设学习机会，帮助学生形成概念。

6．关于学生的地位

在传统课堂上，学生被认为是"白板"，教师在上面刻下信息。在传统的学术领域，教师决定学什么、怎么学，以及学习的速度和节奏，而学生提出的问题及学生之间的互动并不具有代表性，学生在很大程度上失去了主动权。在传统课堂上，学生单独学习，单独完成只需要低级水平技能的任务——完成一份又一份类似的练习册和作业。一旦自己不能决定学习，学生个人的发展就会受到限制。

在建构主义课堂上，学生被认为是思考者，提出关于对这个世界的看法。在建构主义课堂上，学生主要以小组方式学习。在这个学习小组中，学生要与同伴分享自己探索的结果，解释自己探究的方法，同时也要倾听他人的想法，借鉴他人探索的成果，共同完成学习任务，解决问题。

7. 关于是否重视学生的观点

在传统课堂上，教师寻求正确答案，来证实学生的学习，而学生的思考是不受重视的。在传统课堂上，教师根据教学大纲提出问题，而且多数教师向学生提出问题后，不是努力帮助学生思考复杂的问题，而仅仅关注学生是否知道了"正确"答案，传递给学生的信息是——他们思考问题的独特方式并不值得推崇。除此之外，传统测试也不要求学生表达及详尽阐述自己的观点，只要求"正确"答案。"不是""好""正确""错误"是学校里反复使用的评价词语中的几个。这类反馈使学生对教师形成依赖，长此以往，学生们就会仅仅琢磨教师想要的答案，而不是思考并探索问题。这样的环境使学生和教师都为此付出了代价。

在建构主义课堂上，教师寻求学生的观点和现有的理解，为日后的课程教学做准备。建构主义教师鼓励学生用他们自己的方式提出问题，帮助学生阐明问题的本质，并根据掌握的知识回答问题。教师通常不指出哪种答案"正确"，而是请学生们解释他们各自的答案，并对他人的答案做出反应。教师可以考虑采用这样的方式为学生提供非判断性反馈，如用附加的问题去应对学生的问题；以似是而非的矛盾观点应对学生的结论；当学生表明观点时，教师可以用这样的话应对——"你的观点对我很有意义""这是我以前很少研究的事情"。从而使学生意识到取悦教师并不么重要，重要的是，他应该负起自我评价学习效果的责任。

8. 关于教师的角色

在传统课堂上，教师通常采用说教的方式教学，传递信息给学生。教师经常传播知识，并普遍期待学生能够辨别、复述那些知识，课堂被教师的话语所霸占。在一个课堂交流流程图里，所有箭头都指向教师或从教师那里出发。

在建构主义课堂上，教师常常与学生保持互动，为学生协调环境。教师通过减少他们希望学生们掌握的知识和事实，来加强学生学习的可能性；教师通过思考和关注自己从教学实践中选择的主要概念，为学生提供用以指导他们鉴别概念的资料和问题；建构主义教师鼓励学生用他们自己的方式提出问题，帮助学生阐明问题的本质；教师留给学生时间，鼓励他们寻找相关性并表达自己的观点；教师努力培养学生的合作精神、调节新出现的相关性,使课程内容与学生目前的假设相适应,鼓励学生去探索新的理解。

总之，教师的责任是创造学习环境，使学生承担起天经地义的学习责任。

9. 对学生学习的评价方式

在传统课堂上，对学生学习的评价与教学分离，几乎全部采用测验和考试的方式。考试驱使着教学，大多数教师的大部分教学时间都在帮助学生准备多项选择考试，因为后者是必须通过的。而在各地，学生也是通过没完没了的考试、测试、小测验，无休止的作业、练习册、背诵、问答题来证明他们已经掌握了所学的课程。考试，特别是多项选择的考试，其结构是为了判断学生是否掌握了与某些特定知识相关的信息，测验中涵盖的问题是——"你知道这个知识点吗？"而这些知识点通常由课程指导纲要或教学大纲规定。测试的焦点是位于外部而不是内部；是关于资料的而不是关于个体的建构。因此，这样的方式不可避免地造就出一批缺乏主动性并被拴在凳子上的学习者。

在建构主义课堂上，对学生学习的评价和教学相结合，教师通过观察学习状态中的学生、学生的展示以及个人作品档案来进行评价。有效的评价只有发生在富有意义的背景中，并且与学生面临的真实问题相关联时，它才能够最自然、最持久。有效的评价活动同样也与特定的知识相关，但并非围绕特定的信息去组织评价，而是引导学生展示他们所内化的内容以及他们在实际应用中所学到的知识。这样的评价活动涵盖的主要问题是——"你知道什么？"有效的评价活动贯穿在教学中，贯穿在师生互动中，贯穿在教师观察学生的互动中，贯穿在教师观察学生与概念和资料发生的互动中，比起考试及外界形成的评价任务，这样的评价将告诉我们更多关于学生的学习情况。

贯穿在教学中的评价是自然的，但不是特别容易的。富有意义的学习任务更难组织，并且需要评价者全身心地投入其中。但是富有意义、与背景紧密相关的评价方式其益处显而易见。首先，评价的同时，学习在继续。为了解决复杂的问题，学生需要应用以往的知识去理解新的环境，并建构新的理解。在传统的"测验—考试—测验"模式中，当评价发生的时候，学习过程几乎停止了。其次，因为有效的评价任务要求学生在新的背景中应用原有的知识，教师便能够区分哪些知识已经被学生记住、哪些知识已经被学生内化。再次，以背景为基础的评价使多种评价方式能够达到同样有效的结果。

传统教学与建构主义教学在基本假设和重要理念上存在着重大区别。传统教学以教师为本位，建构主义教学以学生为本位；传统教学看重的是学生的记忆能力；建构主义教学着重于学生的思考能力、创新能力；传统教学是去问题教学，建构主义教学则是一种不断启发新问题的教学；传统教学是学生被动接受知识的教学，建构主义教学则是学生主动参与、不断提出新观点的教学；传统教学中的教与学联系不紧密，建构主义教学则强调教学相长；传统教学以教定学，建构主义教学以学施教；传统教学中评价与教学相分离，建构主义教学中评价与教学相结合。一句话，传统教学符合传统的思维习惯，这也正是当前的应试教育模式难以改变的重要原因。而建构主义教学，因其对学生主体性的尊重，对学生能力的信任，对创新精神的推崇，是推行素质教育的必然要求。在大力推进教育教学改革的今天，我们应该以建构主义教学理念为参照，不断检讨传统教学之不足，以增强学生的学习效果，培养更多更好的适应时代需要的人才。

二、从建构主义看二语习得的语言输入与输出

（一）从建构主义看输入的材料

Krashen 的"输入假设"认为，当学习者有了理解的略高于现有水平的输入"i+1"时，习得就能发生。在他的假设中，学习者成了被动的接受者，学习的成功与否取决于输入材料的性质和难度。他忽视了学习者是活生生的主体，有自己的主观能动性。而根据建构主义，人脑并不是被动地学习和记录输入的信息，它总是主动地选择一些信息，忽视一些信息，并从中得出结论。学习者不是被动地接受外在信息，而是主动地根据先前的认知结构，注意和有选择地知觉外在信息，建构当前事物的意义。因此，语言输入的材料首先面临的是主体的选择性注意。按照 M. C. Wittrock 的模式，学习过程不是先从感觉经验本身开始的，它是从对该感觉经验的选择性注意开始的。语言输入的材料只有被注意，才有可能被理解，从而完成转化吸收。

输入必须是可理解的，而对学习者的主观能动性未加以重视。事实上，不管输入如何可理解，最终有多少输入材料被理解、吸收，取决于主体的选择性注意。输入的材料如果没有得到主体的选择性注意，就谈不上吸收，更谈不上成功的习得了。建构主义认为，任何学科的学习和理解都不是在白纸上作画，学习总是涉及学习者原有的认知结构，学习者总是以其自身的经验，来理解和建构新的知识或信息。这一点和 Krashen 的"i+1"假设倒是有某种相似之处。它们都强调了原有知识水平对新知识获得的基础性作用。不过 Krashen 更加强调外在输入的决定性作用，而没有认识到新旧知

识是相互作用的，都要得到主体的重新建构。

（二）从建构主义看输入过程

语言材料的输入经过学习者的选择性注意后，被吸收还有一个过程。Krashen认为，过滤控制着学习者所能接触到的输入量以及转化为吸收的量。他所讲的影响过滤的情感因素包括学习者的动机、自信心和焦虑状态等。他似乎把过滤设想为一张网，一部分输入被挡在网外，而一部分则被漏进来并被吸收，在输入过程中，学习者难道只是被动地接受输入吗？根据建构主义观点，学习者对新的语言能力的获得实际上是一个主动建构的过程。它不只是通过过滤后漏进多少输入而被吸收那么简单。输入向吸收的转化充满了主体的建构活动，包括同化、顺应等，而不是被动接受。输入只有保证有效性才能成为保证吸收。

建构一方面是对新信息的意义建构，同时又包含对原有经验的改造和重组。因此，对于输入材料与原有语言知识结构来说，输入过程绝对不是简单累加，而是相互作用，有同化，也有顺应，这种建构过程是双向性的。一方面，通过使用先前语言知识，学习者建构当前输入材料的意义，以超越所给的信息；另一方面，被利用的先前的语言知识结构不是从记忆中原封不动地提取，而是本身也要根据具体输入材料的不同而受到重新建构，也要受到新输入的材料的影响。

（三）从建构主义看输入结果

根据Krashen的观点，吸收是输入经过注意、理解后进入的那部分。而我们认为，既然在输入的过程中学习者不是被动地接受，而是主动建构，那么建构的结果应该是一个新的结构。它既不同于原有结构也不同于新的输入，更不是二者简单累加的结果，它是一个由新的输入和原有知识结构相互作用，重新建构形成的完整的新体系、新结构。这个结构具有三个特性：整体性、转换性和自身调整性。通过建构产生的新结构也应具有这些特性，或者严格地说，输入结果是一个新结构，而并非Krashen意义上的过滤后的吸收。

首先，这个新结构不是新旧知识的简单相加，而是一个整体。这种整体性使得二语习得中的每一次输入都会与原有结构相互作用，产生新的结构。因此，语言知识结构是开放式的，它不断随着输入而改变原有结构，形成新结构。

其次，结构的转换性是指结构具有转换规则。在二语习得中不断产生的新结构，总是有着自己的一套转换规则。语言的共时性系统不是静止不动的，这种转换性使得它可以根据不同的语境产生出无数恰当的输出。

最后，这种结构还可以自我调整。正是这种自我调整性使得每一次输入产生的新结构都能参与下一次的建构，又产生新的结构。由于学习者总是不断地接触语言材料，学习者的语言习得就成了不断建构的过程。

由此可见，建构主义更多地强调主体的主观能动性，反对把学习者当成被动接受者。我们根据建构主义的学习观，从输入材料、输入过程、输入结果三方面讨论了二语习得中的语言输入。通过以上探讨，我们或许可以总结如下：语言输入实际上是学习者的主动建构；学习者不是被动地接受输入，而是通过原有语言知识系统与新的语言输入间的相互作用构建自己的语言能力。如果在教学中更多地注意学生的主体性，重视学习者的建构活动，或许对外语教学是一个促进。因为每个学习者的建构都是不同的，这就要求我们要关注学生的个性发展，不能盲目追求简单划一。

第三章 二语词汇认知的模型构建

在语言习得的过程中，必须掌握语言的三大要素：语音、词汇和语法。母语习得研究发现，语音习得受年龄制约，根据 Lenniberg 的"关键时期假说"，语音习得越早越好，最佳时期是青春期之前，青春期过后，语音习得就会变得异常困难；句法知识在一个人七岁之前就已基本完成，而词汇知识的增长会伴随人的一生。

第一节 词汇的本质和定义

词汇知识（lexical knowledge），也称词汇能力（lexical competence），是语言交际能力的核心。词汇知识不仅是言语产出的动力，也是听力理解的关键。词汇学习对外语学习的重要性不言而喻，Lewis 认为词汇习得是二语习得最中心的任务。听、说、读、写、译，没有哪一种语言技能能够脱离对词汇的依赖。Yang 通过分析中国学生英语作文语料库发现，外语学习者在写作上犯得最多的错误是词汇错误。Kelly 也发现二语学习者在听力上感觉最困难的地方是词汇。

词汇的知识包括了质和量两个方面。词汇是在语言层次中以不同方式与其他词汇相联系而组成的语句。词汇是语句的基础，词汇之间都是互相依存、互相制约所存在的，并不是独立存在的个体，所以每一个词汇都是复杂而烦琐的。

对于词汇的掌握也分为宽度知识和深度学习，即为词汇量和词汇用法能力。词汇量就是指词汇的数量多少。深度知识定义为对于词汇的用法、位置、形式及功能和意义方面。掌握一个词语不仅仅是掌握形式和意义，而是对这个词进行全方面了解和掌握。

一、词汇的本质

（一）基本词汇

基本词汇是指日常生活中的一些与生活密切相关的基本用语，比如亲属、家畜、用具等日常用语定义为基本词汇。一种语言的基本词汇不容易变化，比较稳固。因为它们都是历代流传下来的，并不是现代新产生的。其实这些词的出现都是在一个词根的基础上，词根有着较强的构词能力，是词汇丰富的基础。

作为基本词汇要具备以下特点，即常用、稳固、有构词能力。因为社会中的各个阶层、各行各业、各个文化层次的人都经常使用这些基本词汇，再加上，它们还有变化小、稳固性强、易与其他词组合的特点，所以倍受欢迎。

（二）一般词汇

一般词汇是语言词汇中的另一部分，它是在基本词汇和词根的基础上派生出来的。一般词汇有着和基本词汇相反的特点：不常用的、不稳定的、短期适用的、没有构词能力。另外，一般词汇还有数量大、成分杂、变化快等特点。其中还有发展过程中阶段性描述的词，例如新词、古词、外来词、行业用词、科技术语等，通常一般词汇也体现出社会文明成果。

研究第二语言词汇习得的过程要注重区分基本词汇与一般词汇。基本词汇是词汇的根基，主要特点是频率高、能力强、构词组织差异性大。所以一般用语中都会以基本词汇为核心所组成，学习语言就要先学习基本词汇，只有掌握了基础才能在此之上有所建树。

在词典中举例最多的也是基本词汇，而且基本词汇意义复杂，用法灵活，在词汇当中也较难掌握，比如 make，look，do，take，get 都是词义较多的词。

二、词汇定义

（一）词汇内涵的连续性

词汇之间不是独立存在的，词汇的意义有着多方面的发展，掌握一个词语可以演变出多方面的学习行为。对于词汇的连续性和语法的相对稳定性是对立存在的。Pamberg 将词汇知识界定为理解词语意义的能力与为交际目的而自动激活词语的能力之间的连续。

词汇知识涵盖着三个不同意义上的连续：

（1）凌驾于个体词汇和词汇系统两个大的层面之上，是接受性知识和生成性知识的连续体。这两个知识却于连续体的两端，使得学习者们对于一个词还没有完全理解就已经开始运用，造成这一现象的原因是生成性知识在接受性知识之前就已经获得了。

（2）从个体词汇的层面出发，对词汇知识的深度问题进行讨论，这一连续体是较浅的词汇知识到较深的词汇知识的连续体。

（3）词汇量的大小，这一连续体是从较少到较多的词汇知识的连续体。

对于那些处于进阶和即将接受高级课程的学者而言，其词汇量的大小必定处在连续体的一个特定点上。

（二）接受性和输出性词汇知识

在读和听的过程中识别出词性，将词义提取出来，是接受性词汇知识。以口头形式和书面形式来表达的为输出性词汇知识。正如前边所说，词汇知识不是一个点，而是一条线，在这条线的两点分别是接受性词汇知识和输出性词汇知识，从接受性到输出性知识的过渡是一个渐进的过程，接受性词汇知识可以转换成输出性词汇知识。把接受性知识和输出性知识看作一个渐进的过程是词汇知识提高、转变的一种方法。

Meara 把积极词汇和消极词汇的区分看作是词与词之间不同联系的结果。积极词汇可以被记忆中其他词汇激活，因为这类词汇之间有着许许多多连带的关系；消极词汇则只能被外在的刺激物激活，需要听到或看到具体词形，而不是通过与其他词的联系。Meara 认为它们存在于不同的知识体系，积极词汇和消极词汇是不同的群体。

Corson 提出"积极词汇"和"消极词汇"比输出性词汇和接受性词汇更为常用。他认为积极词汇和部分使用词汇、低频词、避免使用词汇均包包含一定的消极词汇。这些词汇在某些程度上会与消极词汇有一定的交集，但是却不完全以消极词汇作为基础而应用。正如有些人会说脏话，但是却从来不说。这就是对消极词汇很熟悉，但从来不使用，所以消极词永远不会变成积极词。Corson 从而得到积极-消极词汇理论比接受性词汇、输出性词汇理论使用场景更得当的结论。

我们以英语 underdeveloped 一词来说明接受性词汇知识和输出性词汇知识。其接受性知识包括：

（1）听到这个词时能正确辨认。

（2）阅读过程中遇到这个词时能够正确辨认并熟悉其拼写形式。

（3）能够正确辨认该词的各组成部分、各组成部分的意思及其与该词词义的关系。

（4）知道该词的基本词义。

(5) 知道其在特定上下文中的意思。

(6) 了解与其相关的其他词，如 overdeveloped, backward, challenged。

(7) 能够判断其在特定的句子中是否得到正确地运用。

(8) 能够辨别经常与其搭配的词语，如 territories, areas。

(9) 知道该词是个常用词，不是贬义词。

有关 underdeveloped 一词的输出性词汇知识包括：

(1) 能够正确产出其发音。

(2) 能够正确写出其拼写。

(3) 能够根据该词的各组成部分构筑该词。

(4) 能够用该词表达该词所代表的意思。

(5) 能够在不同的语境中表达该词的不同含义。

(6) 能够产出该词的同义词和反义词。

(7) 能够正确用该词造句。

(8) 能够产出经常与其搭配的其他词语。

(9) 能够根据情况决定是否使用该词（例如，有些情况下，developing 比 underdeveloped 更恰当，因为后者略含贬义）。

总的来说，获得接受性知识要比获得输出性知识容易，其中原因至今还不是十分清楚，但有几种可能的解释。

(1) 知识量。获得输出性知识之所以更难是因为：输出一个词需要掌握该词的口语（发音）或书面语词形（拼写）及句型。目的语和母语的发音及书写系统的差异越大，掌握一个词的输出性知识的难度也越大。获得一个词的接受性知识，学习者也许只需要了解该词的词形特征就可以了，但要获得输出性知识，仅此是不够的，在很多情况下，影响词汇输出知识获得的是词的发音和拼写难度太大，如 spaghetti。另外，在两种不同的语言中，对等词的词意往往不是完全相同，只有了解两者之间的共同之处和不同之处，才能够在语言交际中（口语或书面语）正确使用。因此，与接受性知识相比，获得一个词的输出性知识需要更多各方面的知识。

(2) 练习。在正常的语言学习条件下，有助于接受性词汇知识获得的机会多于获得输出性词汇知识，这是造成接受性词汇量大于输出性词汇量的重要原因。有研究表明，接受性词汇和输出性词汇的知识认知系统存在差异性，二者的掌握需要不同的练习。而传统观念则认为接受性词汇知识包含于输出性词汇知识。

(3) 遍及性。Ellis 等人提出，在学习第二语言的过程中，通常目标语言的词汇与母语词汇，只有单方向的联系，无法产生多联系性，比如说一个单词对应一个汉语意义，学习者往往只会单方面联想接受性的知识。想要获得这个词的全方面了解，必须还要从它的词语搭配与近反义词及同义词方面进行更为详细的理解。

（4）能动性。学习者通常不是以输出性词汇知识为学习目的。这是在社会原因及时代文化背景作用下形成的。有的情况下，学习者尽管很熟悉某些词，可以在语言输出中加以运用，但并没有被积极运用，这些词就会仍然被保留在消极词汇中。持这种观点的学者认为，有关词汇的接受性知识和输出性知识并不是一个知识递进增长链条，可以根据学习动机把词汇划分为积极词汇和消极词汇。但这样的划分存在问题，设想如果学习者完全知道如何使用一个词，但却从未使用过，那么这个词是积极词汇还是消极词汇？

（三）词汇知识检测

目前在词汇习得研究领域，常用的词汇测试形式包括词表法、词汇知识量表、联想法等等，其中词汇知识量表的应用最为广泛。

1. 词表法

词表法又称对错法，要求学习者阅读一个给定的词表，并标出其中自己认识的词，然后计算多少词是认识的，多少词是不认识的。为了避免学习者过高估计自己的词汇水平，在词表中可能会加入一定数量的非词（nonsense words）。

2. 词汇知识量表

词汇知识量表最初是从词表法发展来的，并对词表法做了一定的改进。同词表法一样，词汇知识量表仍然是让学生自测词汇知识，但它设定了词汇知识的不同等级。这是一个连续体理论，即指学习者对于词汇的学习是分阶段的，并不是单单的只考虑会与不会两个极端。由此，学者们研制出了符合各阶段学习情况的词汇知识量表，其中 Paribakht & Wesche 的词汇知识量表最受人们欢迎。词汇知识在该表中具体被列为五类：未见过的词、见过但不知其所以然、见过并大概了解词意、认识并清晰其含义（同义词或翻译）、实际中懂得如何应用。这种量表最大的优势就是可以准确地测量出词汇知识的深度和广度。但是也有人表示出质疑，这种量表的线性表示到底能否真实地反映学生学习词汇的情况。于是就有这样的观点出现，实际上学习者学习词汇的情况并不是线性发展的，有时可能四、五级都达到了，但前面的三级却掌握得不牢，表现为会运用词汇，不会具体解释词汇。其次是学习者的主观性问题。该量表的前两项没有客观的标准，因此无法得到证实。或者学习者认为自己见过目标词，但可能事实并非如此。词汇知识量表设置的基本假设是，学习者的接受性知识先于输出性知识。这一假设虽然表面可信并符合逻辑，但在理论上缺乏有力的依据。同时，词汇知识量表似乎更倾向于测量接受性词汇知识和输出性词汇知识，但很难证明所测量的是词汇知识深度。

3. 联想法

联想法是 Read 最早提出来的，目的在于考察学习者词汇知识的深度。测试要求从被试八个词中选出与目标词语相关的四个词，选择的标准包括组合关系、聚合关系和解析关系。这种测试的优势在于操作比较简单，可以覆盖较为广泛的词汇样本。但研究表明，目标词的各个联想词之间也可能存在语义联系，学习者选择正确答案有时并不是因为确切了解目标词，猜测等策略的运用会影响测试的可靠性。

第二节　词汇的呈现与学习

一、词汇呈现的方法

词汇呈现是词汇教学的首要环节，对英语教学的效果有着直接的影响。如何有效地呈现教材中的词汇，是广大教师在教学中时常遇到的难题。

1. 展示词义

使用实物教具、图片和演示是直接法的一种定义手段。很明显，如果要呈现一组实物词汇，如服装类词汇，可以用图片展示或者用实物演示代替翻译的方法。这种方法可以使用实物（称为实物教具）、图片或者手势。

直接法是相对于语法翻译法这样要求高度智慧的语言学习理论而发展起来的一种教学法，它拒绝使用翻译。例如，下面给教师的建议就选自一个流行于 20 世纪 40 年代的使用直接法的课程。

怎样教实物的名称呢？下面是一般步骤。首先，教师选择一些实物，比如 10~20 个一组。这些实物通常可以在上课的地方找到的，如门、窗户、刀、火柴、书，或者身体的部位、衣服的款式。此外，实物还包括特别为上课而收集的，如棍子、石头、钉子、一段电线、一段线绳等。也可以是用图片表示的，例如印制在图卡或者挂图上的，或者在黑板上画的草图。教师依次展示或者打印出每个实物，并说出它们的名字，再清晰（但又自然）地重复 3~4 次。当学生们已经有足够的机会听到这些词汇和句子（并掌握了它们的意思）后，再让他们说出这些词汇和句子。最开始的时候，学生可以跟着教师重复。

这种方法也是一种被全身动作反应法的实践者倡导的技巧。利用上课时教室的环境和能够带到教室中的物品，模仿学习母语的经历。一个应用全身动作反应法的课堂通常包括教师示范动作，运用实物，然后让学习者按照指令做相同或类似的动作。典型的课堂指令有：

（1）Point to the apple.

（2）Put the banana next to the apple. Give the apple to Natasha.

（3）Offer the banana to Maxim, etc.

视觉的辅助教具可以有多种形式：大卡片、挂图，可以通过投影仪投射在白板或墙上的幻灯片和黑板上的画。许多教师从杂志、日历等处搜集的大卡片集。下列词汇类别的图片特别有用：食物和饮料、服装、房屋的内部和家具、景观和外景、交通工具，外加大量人物图片。人物图片可以进一步按照职业、国籍、运动、活动和外表进行细分。这些图片不仅可以用来教生词，还可以用来练习词汇。

如果运用一些基本的记忆原则，包括分段练习的原则，还可以进一步提升图片或实物在词汇教学中的作用。例如，教一组服装类词汇（10 个），要不断回顾前面已经学过的词汇，而且最好以不同的顺序进行回顾，如下所示。

呈现 shirt—呈现 jacket—呈现 trousers—复习 shirt—复习 trousers—呈现 dress—复习 jacket—呈现 sweater—复习 dress—复习 shirt—呈现 socks, etc.

学习者按照自己的节奏学习是另一项有效的记忆原则。这样，他们可以构建自己的关联，思考个性化的、符合词汇难度的记忆策略。这些对独自学习或小组学习比较容易实现。但是在教师引导的词汇呈现过程中，留出适当的停顿，学生就有时间赶上来，并进行回顾。

这里列举了一些使用大卡片的教学活动。

（1）教师每次出示一张卡片，引导学生说出或者自己说出卡片代表的词汇。教师不时地从头展示这些词汇，改变顺序。最后，将所有卡片粘贴到黑板上，在卡片旁边写出这些词汇。

（2）将一组图卡（如服装）粘贴到黑板上，标出序号。让学习者就他们不熟悉的词汇向教师提问。例如，What's number 7? 在你给出答案前，看看其他学习者是否知道答案。当学生充分熟悉了所有词汇后，用 What's number 9? 等问题提问所有的词汇。翻转卡片，每次翻一张，让学生看不到图画，检查学生是否记住了，可以再问 What's number 9? 最后，在黑板上每个卡片旁写出词汇。

　　（3）将一组卡片粘贴在黑板上，允许学习者使用双语词典查出它们代表的词汇。然后，他们可以将词汇写到图片旁边。

　　（4）学生组成两人或三人小组，给每个小组发放一组卡片。他们可以使用双语词典查出每个图片表示的词汇。然后，每组的代表可以使用视觉辅助物教班里其他学习者查到的词汇。

　　（5）向全班展示一张包括多种物品的挂图或者大画（如街景图或者机场的画面），但是只展示很短的时间，例如 10 秒钟。学生独自或两人一组用英语尽可能多地写出他们看到的画面中的事物的名称。学习者可以使用词典。再次展示图片几秒钟，让学习者扩展他们的词汇列表。最后，展示图片进行检查：写出最多正确词汇的个人或小组获胜。

2. 解释词义

　　借助实物教具、图片和演示进行学习的词汇是有限的，而借助于语言，用其他词汇解释新词，则可以极大拓展词汇的学习空间。

　　用语言而不是图像弄清词义的方式包括：提供一个示例的情境；给几个例句；给出同义词、反义词或上位词；给出完整的定义。上面几种方式可以结合起来使用，也可与在黑板上画画或者用动作演示这类视觉方法结合起来使用。尽管用语言解释可能比翻译、图示或者动作演示的方法稍显耗时，但是它的优势在于学习者能够获得额外的、免费练习听力的机会，同时，由于在理解一个词的意思时，要付出的努力稍多一些，学习者可能会在认知上更投入些。显然，当用一些词去解释其他词汇时，那些用来解释的词一定要符合学习者目前的词汇范围。

3. 强调形式

　　词汇的发音和词义决定了它们在词库中存储的方式，发音相似的词容易产生混淆（例如，将 trampolines 记成 tambourines，将 kitchen 记成 chicken），就可以说明这一点。因此，不难发现，强调一个词的口头形式对于确保能够恰当地记忆这个词有重要意义。这也说明，要让学习者注意词汇的发音。

词汇最初是按照它们的全音节结构和重音来记忆和回忆的。由于 tambourine 和 trampoline 的外形相似,而只有一些单音不同,因此容易弄混。这说明,强调词汇的重音和外形有助于保持记忆中的词汇。

教师也可以让全班同学发现重音节。"Where's the stress？"就是一个很好的提问问题,可以让学生熟悉这种提问。一种介绍重音概念的方法——例如,在第一节课上——是让学生说说自己的名字中有多少个音节,哪个音节是重音节(当然,如果名字只有一个音节,那个音节就是重音节)。在练习－重复这种方法中,学习者要习惯重复新词汇(无论是全班一起的,还是独自的),就像听说法那样。近来,对新学语言(特别是语法结构)进行简单重复的教学价值受到了质疑。有些人认为,要求"动口"会分散"动脑"的认知过程中的注意力。如果有任何事干扰或者打断发音环路,我们都会快速地忘记那些词汇。这就表明,在学习者听到一个新词汇和说出这个新词汇之间留出两三秒的"处理"时间,可能会有益于延长词汇在记忆中保持的时间。鼓励默读的方式之一是一种被称为咕哝练习的方法。在教师的指导下,学习者咕哝或者小声说出词汇。他们可以按照自己的节奏,只念给自己听就可以。有证据表明,默读是成功的学习者自然运用的技巧。因此,它或许也适合课堂练习。

有很多强调词汇口语形式的方式,基本的方式有听力练习、口头练习和板书。在了解了新词汇的词义后,教师可以用听力练习来深化学生的词汇掌握,练习的基本方式是何短小？的语块的重复。在这里是指由教师进行重复,以使学习者熟悉词汇的语音特点。通常,这需要清晰而自然地念出单词(或多个词汇),而且在开始前,还常常给出像"Listen"这样的提示语。这个过程要重复 2~3 次。为了吸引学习者注意音节结构和重音,教师可以在示范的过程中使用一些视觉刺激,如用一只手的手指代表不同的音节。然而,拖延输出的时间可能会令学习者沮丧,他们的直觉常常是自己试着重复一个词。对于词形来说,学习者感觉最好的就是能够将它说出来,即便教师的目的只是为了能够识别词汇。因此,让学习者先默读词汇,再以全休朗读或独自朗读的形式读出新词,即练习,可能比较合适。

用音标符号还会避免潜在的发音－拼写错误匹配的负面效应。当然,这是基于学习者熟悉音标的前提。如果他们对音标不熟悉,他们可能会被额外的学习任务吓到,特别是如果他们还正在熟悉罗马字母的阶段(有的学习者的母语可能是另外一种字母)。而另一方面,音标不难理解,特别是读起来并不难(与书写音标相反)。多数辅音都是容易辨读的,因此,学习音标的主要任务是了解许多的英语元音是怎样发挥作用的——如果需要的话，这可以通过若干课时来实现。所有好的学习者词典都使用标准音标，这意味着运用词典来完成关注语音的活动可以进一步强化音标的学习和使用。

　　学习者需要见到一个新词汇的频率应该是多少次呢？传统上，人们认为过于频繁地接触书写形式会打乱正确的发音习惯。这一点对于英语来说尤为突出（这种观点是有争议的），发音－拼写的匹配是完全不可靠的。能够完全正确地说出 cupboard、suit 和 island 这几个词的学习者，如果只是听过这几个词的发音，在见到这几个词的书写形式后，反而常常将它们发音为 "cup-board" "sweet" 和 "is-land"。基于这些原因，过去常常是在学习者充分熟悉了词汇发音形式之后才呈现其书写形式。但是，与之相反的观点却认为，由于学习者最终会见到书写形式，因此直接处理发音－拼写的误匹配问题比延后解决会更好些。毕竟，学习者在第一次听到新词汇的时候，就可能形成这些词汇的拼写形式的心理表征。因此，这种心理表征最好是准确的。而且，英语中的发音－拼写不匹配的特例总是被夸大。的确，并不是非常贴合规则，但是绝大多数英语词汇还是符合一系列规则的。抛开这个问题的话，先不呈现拼写形式，会剥夺学习者自己观察这些规则的机会。因此，在听到一个新词汇后，马上让学习者试着拼写它或许是一种有用的策略（或者，如果先见到词汇的书写形式，让学习者试着发音）。如果这么做有困难的话，教师可以提示学生，让他们回忆已经学过的发音相似或拼写相似的词汇。

　　相对于口头形式，从书写形式中更容易发现词汇含义的关键线索。在口语中，容易产生语音的连音，或者甚至是完全吞音，即便仔细地读像 handbag 这样的词，也会发得像 hambag 的音，而 police station 的音会发为 pleestation。缺少了关键的语形信息（就像 hand-和 police），学习者就无法建立新词与原有知识之间的联系，无法将它"归类"，因此就会觉得它不好理解，不容易记忆。所以，学习这些词就要花费更多的精力。一旦学生见到他们努力要弄明白的词的书写形式，许多有经验的教师都会发现学生由于认出了这个词而在脸上表现出惊讶的表情。不让学生见到书写形式结果可能会适得其反。

二、英语词汇学习

1. 新知识的融入

　　新知识（也就是新词汇）需要融入已有的知识，即学习者已有的词汇关联网络。也正如我们讨论记忆时谈到的那样，如果就新词汇做很多深入的了解，这个词就更容易融入知识网络。按照传统，呈现了新的语言项目之后，要马上对它们加以练习。通常，这样的练习是以某种口头重复的形式展开的，例如朗读。这种机械练习背后的理念是人们公认的信念——"熟能生巧"。但是，仅仅重复新学的词汇并不能保证这些词能从短时记忆转移到永久记忆中去。词汇需要存储于工作记忆中，并进行不同的运用。这些运用包括：将词汇摘取出来，再还原回去，词汇比较，词汇组合，词汇匹配，词汇分类，以可视形式呈现词汇再打乱顺序，以及反复归类和回忆（因为词汇回忆的频率越高，回忆就越来越容易）。

2. 做决策的任务

教师可以使用多种不同形式的任务帮助学习者将词汇存储到长时记忆中。其中，有些活动比其他活动更需要动脑筋。也就是说，这些活动在认知水平上要求更高。对于一组词来说，能应用的任务种类越多越好。学习者就词汇做决策的任务可以分为以下几种类型，按照认知水平要求由低到高，大致可以排列为：辨识，筛选，匹配，分类，分级和排序。换句话说，在辨识类任务后，可以进行匹配任务，接下来是分级任务。

筛选任务在认知水平上比辨识任务复杂，因为这类活动不仅包括识别词汇，还包括在词汇中做出选择。像下面"选出不同的一个"这类活动（仍以衣物类词汇为基础）就是筛选类任务。选出每组中不同的一个：

（1）trousers socks jeans T-shirt.
（2）blouse skirt tie dress.
（3）T-shirt suit shorts trainers.

这类活动不是必须有正确答案，重要的是，无论学习者怎样回答，只要他们能够说明选择的理由就可以。这里，重要的是认知的过程，而不是正确的答案。

3. 输出性任务

做决策的任务从原则上讲是接受性的：学习者就词汇做出判断，但没有进行词汇的输出。输出性的任务是从要求学习者将新学的词汇运用到某种口语或者写作的活动中开始的。当然，可以进一步让学生谈论他们的决定，将这个任务简单地转变为输出性任务。

这类活动可以分为两种主要类型：补全型——补全句子或语篇，创造型——造句或写语篇。补全句子或者语篇的任务是指那些常被称为填空的任务。由于这种活动容易设计、好评分，它们常被用于测试中。这类任务有多种形式，但基本可以分为开放式填空和封闭式填空。开放式填空需要学习者调动他们的心理词库来补全空白。尽管可能会给出线索，例如单词的首字母。而封闭式填空中的词汇是给出的，例如在练习之前给出要填的词汇列表。学习者要做的只是决定哪个空该填哪个词。

第三节　关于词汇模型操作的可行性分析

通览国内外二语词汇习得领域的研究，不难发现，无论从理论上阐述词汇习得的心理过程、认知过程，还是通过实证研究说明词汇知识的增长过程、词汇知识与其他语言技能发展的关系，或是词汇知识检测研究等，均需要对"词汇知识"这一概念充分阐述，并进行可操作性界定。也就是说，研究人员都必须首先回答"知道一个词意味着什么"（"what it means to know a word"）或构成词汇知识的要素是什么，并根据这两个问题的答案来构建词汇知识概念模型（也称理论框架）及可以测定词汇知识状态或水平的操作模型。可以说词汇知识概念模型及操作模型的构建是词汇知识相关研究的基础。

一、词汇知识概念模型

"词汇知识"是一个非常抽象的概念。长久以来，学者们试图对大脑中有关词汇的知识进行系统性描述，以使这一抽象概念具体化。第二语言习得研究领域的著名学者 Jack Richards 1976 年在 TESOL Quarterly 上发表了一篇题为 "The Role of Vocabulary Teaching" 的文章，对后来的"词汇知识"概念研究乃至整个词汇习得研究产生了深远的影响。在这篇文章中，为了说明"习得一个词意味着什么"，Richards 提出了构成"知道一个词"知识的 8 个方面（也称 8 种"假设"）：

（1）本族语者在成年之后词汇知识会持续增长，而语法知识的增长则基本停滞。

（2）知道在口语和书面语中这个词出现的概率。

（3）知道在不同场合下使用这个词的限制。

（4）知道在句中应该怎么样去使用该词。

（5）知道一些词的词根以及其派生出来的词。
（6）知道这个词与其他词的语义关联及搭配形式。
（7）知道这个词的语义值。
（8）知道与这个词相关的其他词义。

Richards 提出的"8 知道"，被语言使用者所推崇，成为最早的词汇知识概念模型，同时对二语词汇的习得和研究方面也产生了巨大的影响。在此之后，许多学者运用一系列不同领域的研究成果，如语用学、心理语言学、语言习得等。

这些模型以"词"为中心，试图对构成"知道一个词"的知识要素尽可能详细地描述。但是，用这种方法去研究，构成词汇知识的要素似乎是无穷尽的。仔细观察后，我们就会发现，上图所列要素与 Richards 模型中的七个假设一样，实际上是语言学及其相关领域的研究主题的罗列，并不是对语言习得者或语言使用者词汇能力的陈述。如这些模型没有区别积极词汇和消极词汇，没有涉及词汇发展和词汇耗损等现象，没有考虑词汇习得的各种条件。可以说，Richards 等人的模型对词汇能力的描述是"片面"的。

基于 Richards 等人的模型，我国学者马广惠了解到学习者们在学习过程中的认知能动性，将元语言知识融入其中，从而将词汇知识的众多要素划分为元词汇知识和词汇知识两大类。元词汇知识是有关词的宏观知识，涉及词的概念、词义、词的规则和词的变体等方面的知识。词的概念回答"什么是词"的问题；词义知识涉及词义类型和词义关系；词的规则涉及词的音位规则、构词规则、句法规则和语用规则；变体知识涉及词性和词义因社会、文化和语境不同而出现的变异。学习者可以运用元词汇知识规划、管理和监控二语词汇学习。元词汇知识既可以在自主学习过程中习得，也可以在课堂教学中学得。词汇知识指学习者具有的对每一个词的音位、构词、句法、词义、语用、变体等方面的微观知识。

以上模型从"语言学""语言使用""学习者认知能动性"等角度描述"习得一个词（a word）"的知识特征。这些对词汇知识概念的不同特征进行描述的模型被统称为"不同特征模型"（separate trait models），反映了词汇知识的多元化和烦琐性。模型存在着以下几个普遍性缺点。

（1）对于具体词汇的了解上并不是以单一词汇为根本，是以整体作为了解。据这些模型来看，一方面具体词汇的每一个知识特征不全面，而且掌握情况也无法反映词汇量的整体情况。

（2）参照者是理想的本族语者的词汇知识水平，并不是根据学习者的自身情况。按照模型所列出的知识分类来测量学习者词汇量的话，判断出来的词汇量掌握数量甚微，所以在操作上缺乏可行性。

二、词汇的可行性方式

对于想要学习第二语言词汇的学习者而言，在了解概念的基础上建立可操作性模型更有利于研究。从不同的角度来了解词汇的构成及知识要素，在传统的研究方法上通过创新和完善原有的方法模型，从而获得更可行的词汇知识掌握方法。

Meara 认为存在于学习者大脑中的词汇知识，虽然看不见摸不着，但并不是无法衡量的。解决问题的途径就是放弃以词为中心的词汇知识具体特征的描述，引入"维度"的概念对学习者词汇知识的整体特征进行宏观把握。当前二语词汇研究的一个任务就是确定哪些维度可以精确地反映学习者的整体词汇水平，并设计开发相应的量具。从少量宏观特征，即维度，考察学习者大脑词库中的整体词汇知识状况的模型被统称为"整体特征模型"（global trait models）。

Meara 的模型由词汇量、词汇组织（指目标词与其他词之间的关系网络）和词汇知识提取的自动化三个维度组成。Qian 的模型把词汇知识分为四个维度：词汇量、词汇深度知识、词汇组织、接受性及产出性词汇知识的自动提取。

目前在国内外的二语词汇研究中，主要从词汇宽度知识（词汇量）、词汇深度知识或接受性－产出性词汇知识等维度开发量具，界定学习者在语言学习不同阶段的词汇知识水平。

（一）词汇宽度知识

词汇宽度知识，也称词汇量，指学习者在某一特定语言学习阶段所掌握的词汇的数量，是确定学习者二语水平的主要指标，也是词汇知识研究最常用的维度。有研究证明在其他条件相同的情况下，词汇量和二语综合水平及听说读写等其他技能之间存在"富者更富"的马太效应（Matthew Effect）。如词汇量大小可以预测阅读理解能力高低。

词汇量越大的学习者，第二语言综合水平及其他技能越高。词汇量检测对二语词汇习得研究的重要性反映在以下几个方面。

（1）确定二语学习者的词汇量可以判断他（她）能否完成某项二语任务，如读小说、读报纸、看电影、交流时听懂别人的话语等。Nation 的研究发现，在英语学习中，完成所有接收性任务，学习者需要有 8000 词族以上的词汇量。不借助词典等外力帮助的情况下，阅读并能够理解各种体裁的英语文本，需要能够认识文本中 98% 的词汇（包括专有名）。这就意味着，读英语小说，需要有 9000 词族的词汇量，英语报纸 8000 词族。欣赏儿童电影需要 6000 词族；保证会话过程中听力理解无障碍需要 7000 词族（见表 3-1）。一旦学习者掌握了 8000 的词汇量，无论是在听说读写上，还是与人的交际用语都会很流畅自如。

表 3-1 认知各种文本 98% 的词汇所需要的词汇量

文本类型	98%的词汇	专有名词
小说	9000 词族	1～2%
报纸	8000 词族	5～6%
儿童电影	6000 词族	1.50%
会话中的口语表达	7000 词族	1.30%

（2）词汇量可以检测学习者的词汇成果和掌握词汇的情况。

（3）词汇量的检测可以将学习者与本族语者的词汇量进行对比，定制新的学习目标，促进完成词汇掌握情况。检验学习知识的增长速度和幅度。从而完成更有效的学习过程。

英语词汇由所有种类的词汇组成。它们可以根据不同的标准或者不同的目的进行分类。根据使用频率，单词可以分为基础词和非基础词。可以根据概念分成实词和虚词，可以根据来源分为本地词和借词。词语是一个符号，代表着世界上其他的事物。每种世界文化已经赞成一定的读音将代表一定的人、事、地方、特性、过程、行动，当然是在语言系统之外。这种象征性的联系几乎总是主观的，并且在代表事物和思想的声音和实际的事物和思想之间没有法定关系。如果拥有较大的词汇量，接触语法的机会就越多，在词汇运作与语法系统之内，词汇在一定程度上甚至决定着语法。词汇的量（多大的词汇量）比词汇的质（了解的意义程度）更为重要，甚至是至关重要的。当然，词汇量的重要性和词汇质的重要性并不矛盾。有了一定的量，才有质的提高；保证了足够的质，量才越大越好。

词汇宽度知识是词汇知识研究最传统的维度，目前已经形成多个标准化的量具。有的采用多项选择的形式，要求受试指出目标词的同义词；有的要求把目标词与其定义相匹配；有的要求把某个目标词翻译成母语等等。在国内外各种实证研究文献中运用较为广泛的是 Nation 的词汇水平测试（Vocabulary Level Test）。该测试用多项选择的题型，目标词在一个没有词义提示线索的句子中出现。整套测试按照词频的高低依次分为十个 1000

词水平，后来又扩展到十四个 1000 词水平。如：

（1）innocuous：This is innocuous.
    a. cheap and poor in quality
    b. harmless
    c. not believable
    d. very attractive looking

（2）miniature：It is a miniature.
    a. a very small thing of its kind
    b. an instrument for looking at very small objects
    c. a very small living creature
    d. a small line to join letters in handwriting

另一个信度较高、使用较为普遍的词汇量检测量具是 Schmitt 等人在国家词汇水平检测题的内容上设计编制的"VLT"，包括 2000 和 3000 个不同等级的高频词汇，5000 处于高频词和低频词之间的词汇，以及 10 000 个低频词。其中学术词汇表包括了 570 个词语，涉及 28 门学科中频率最高、范围最广的词汇，这项测验可以平衡词汇的难易程度和教学水平。随后研究人员又将学术词放置在 3000 到 5000 之间。这项作业包括十道测试题、六个目标词、三项英语释义。考试的人要从六个目标词中选出符合英语意义的三个词，其中涉及 1000 到 2000 个词汇水平的高频词，从而有效地起到了平衡英语水平和了解英语释义的作用。

（二）词汇深度知识

词汇知识的第二个基本维度是词汇知识深度，指词汇知识的质量。词汇深度知识的含义在学者中仍存在争议。由于词汇知识的复杂性和多维性，学者们普遍的看法是，词汇深度知识包含词语发音、拼写、构词特征、句法特征、语义特征、搭配等方面的知识。但是，这种看法存在一个严重问题，无法说明质和量这两个维度的不同。我们说学生掌握一定量的词汇，是否也意味着他们已经在一定程度上掌握了这些词汇的某些特征，如发音、拼写、构词、句法、词义等。近年来，学者们采用词语连接法，通过检测二语词库中语义信息的构成（structure of semantic information），检测词汇深度知识。例如 John Read 的词语连接检测（Word Associates Test），要求受试根据语义从八个选项中（四个名词，四个形容词）选择四个与目标词语搭配，这四个选项与目标词有三种语义关系：聚合关系，即选项与目标词语意思相似,如 enable 和 allow；组合关系,即选项与目标词可在特定上下文中经常搭配或共现,如 income 和 tax；分析关系,即选项可以部分说明目标词的词义,如 team 和 together。

与词汇宽度知识维度相比,词汇深度知识与第二语言能力之间相关性更高。近年来,随着各种单词量测试软件的出现,学者们对词汇量的检测兴趣越来越高,词汇深层次的知识研究却一直在发展之中。对于词汇深层次的知识研究我们通常有两种方法:

(1)维度的方法,根据某一个词汇知识模型,根据不同的研究目的选择不同的维度,对一个词的词义及其用法等知识进行分析。

(2)发展的方法,通过经历不同发展阶段来习得一个词汇。以上这两种研究方法和简单的词汇量检测相比而言,得到了巨大的优化,词汇知识不再是死的条条框框,而是更加灵活、更加全面、更加准确的持续增长。

词汇知识深度研究的两个基本维度是质量和数量。在预测学习者的阅读能力方面,质量和数量这两个维度相互结合能够发挥出最好的效果。在该项研究中根据皮尔逊相关统计(the one-tailed Pearson correlations)表明,这两个维度之间的相关系数高达 0.80,说明"学习者掌握的词汇量越大,词汇的深度知识越好"。

(三)接受性－输出性知识维度

接受性－输出性维度是词汇知识研究的第三个重要维度,联接词汇知识(lexical competence)和词汇运用(lexical performance)。学者们一致的看法是,用于语言理解的词汇(接受性词汇)不同于用于语言输出的词汇(输出性词汇),能理解不一定会使用。但接受性和输出性并不是两分的,而是一个连续体,通过某一阈值就能从接受性知识过渡到输出性知识。Melka 提出"词熟度"(word familiarity)这样一个变量来检测一个词在接受性－输出性连续体中的位置。Meara 建议用"自动性"(automaticity)来判断接受性还是输出性知识。Laufer 和 Paribakht 则把词频(frequency)作为接受性词汇知识向输出性词汇知识过渡的一个动因。Read 认为把词汇知识仅仅分为接受性和输出性两类太笼统,建议把连续体中的词汇知识具体划分为可辨认、回忆、理解、运用四类。目前,Wesche & Paribakht 等设计的词汇知识量表("Vocabulary Knowledge Scale")是检测词汇知识这一维度常用的量具,可以测定关于某一目标词语从接受性知识(II－IV)到输出性知识(V)的习得程度,如:

I：我不记得曾经见过这个词。

Ⅱ：我见过这个词但不知道它的意思。
Ⅲ：我见过这个词，我想它的意思是（同义词或母语对等词）。
Ⅳ：我知道这个词。它的意思是（同义词或母语对等词）。
Ⅴ：我可以用这个词造句,例如:(如果做这个部分,请先做第Ⅳ部分)。

VKS 主要依据学习者自己的报告，但研究表明学习者的报告和教师的评分之间存在高度相关（92—97）。

词汇知识是复杂、多维、发展的连续体。我们可以看出以上三个维度不是相互独立，而是相互关联的。词汇知识深度是连接其他两个维度的桥梁，也是当前国内外词汇知识研究的核心。

大量的词汇知识是语言技能的前提条件。认知一个单词不仅仅是简单的会或者不会，而是应该从这个词的深度和广度两个方面来认识它，应该看学习者是否能够真正掌握一个词的用法而不是仅仅了解它的意义和形式，当语言学习者词汇量达到五千到六千之后，要注重的就应该是深度，而不是宽度了，了解词义的真正含义比了解词汇的数量更加重要，建立起二维、三维或四维的模型将词汇处于假设理论，并将其真正实践得到真理。

实现词汇教学、词汇习得策略、词汇知识发展、词汇知识检测词汇的基础是建立知识概念模型及操作模型。从 Richards 开始的对单词知识的微观描述到 Meara 的对学习者整体词汇知识系统进行宏观把握；学习者从注重词汇宽度到注重词汇深度中的研究来寻求词汇的真正内涵，并将与其他学科研究成果相互联系，形成词汇网络。并建立起概念模型和操作模型，这样词汇的学习就会达到另一个层次。

第四节　二语词汇知识的发展及模型构建

二语词汇是在母语词汇之后习得的，由于习得环境和语言输入不同，二语词汇的习得过程与母语词汇的习得过程有相似之处也有不同之处。Singleton 描述了四种情况下词汇的习得过程：婴幼儿期的词汇习得、读写能力发展时期的母语词汇习得、自然语境中的二语词汇习得、教学环境中的二语词汇习得。

一、婴幼儿期的词汇习得

在语言习得领域，Chomsky 的"刺激贫乏论"（Poverty of Stimulus）

影响深远，该理论旨在说明孩童早期对母语句法的习得，认为孩童在语言习得过程中从周围环境所接收到的语言资料质量差、数量少，不足以让他们归纳概括出高度抽象的母语句法规则，孩童之所以能够在很短的时间（5岁之前）就能够基本掌握复杂的母语句法结构知识，得益于一个人与生俱来的"语言习得机制"（Language Acquisition Device）。该理论也被用来解释词汇习得现象。Chomsky 认为孩童之所以能够快速、精确地掌握词汇，是因为语言学习开始之前，人类大脑中就已经有一些概念，它们是人类内在概念机制（innate conceptual apparatus）的组成部分，语言习得过程就是给这些概念贴上标签的过程。

Chomsky 的观点得到其他一些哲学家、心理学家和语言学家的支持。他们认为儿童之所以能够轻松应对词汇学习的巨大挑战，是由于一些内在机制的作用，如"发现和征服客观世界的愿望""符号化的需要""在语言使用过程中，解码所需要的一些特殊的人类行为和注意力""概念资源""语义表征所需要的普遍机制"，等等。例如，Cutler 认为儿童之所以能够轻松利用语言节奏区分出一个个词汇，是因为儿童先天对语言节奏具有极大的敏感性；Kelly & Martin 等认为人类之所以能够找到语言中存在的规律，并且可以将这些规律运用到语言学习中去，是由于人类特有的一种能力所导致的。

先天性因素在早期词汇习得方面是否具有帮助，目前学术界仍旧没有定论，但是研究表明，环境因素对于儿童学习语言有很大的作用。如成年人在对儿童说话时，一句话多次重复、说话语速缓慢、说话句子短小、说话声音洪亮，这些环境因素很大程度上影响了儿童的学习能力，使得儿童很容易识别出句子里的词语。

成人在对儿童说话时所用的特殊语言被称作"保姆语言"，有关保姆语言对儿童语言习得的影响有很多的争论，争论的焦点是，成人语言中是否存在儿童语法知识习得所需要的某些特征。但是，有一点毋庸置疑，即在对儿童说话时，经过调整的成人语言有助于儿童识别语言中的词汇。保姆语言除了具有语速慢、句子短、重复多、声音高等特征之外，还有一个特征是"此时此地（here and now）"。在大多数情况下，保姆语言实际上是"实指定义"（ostensive definition），即用眼前的具体物体说明某一词语是该物体的指称。在这样的语言中，说话人清楚地界定了词与词之间的界限。

保姆语言的以上特点并不表示儿童语言的习得完全取决于成人的语言，但也不能说成人的语言在儿童语言习得过程中一点作用也没有。实指定义是婴幼儿时期学习母语词义过程中引导方向的灯塔。它的重要性在于启发作用,语言中很多同义词和多义词、模糊词等都会对幼儿的理解造成困扰,实指定义有利于儿童摆脱词义与词形的混淆。比如不对不需要的词汇知识进行学习总结,但是使用这种方法学习的知识深度是远远不够的。

二、影响第二语言词汇习得的环境

对于幼童的第二语言词汇习得过程来说,环境是一个非常重要的因素。在日常交际用语和说话交流中,环境对于儿童识别词汇以及词汇所表达的意思都有着很重要的影响,第二语言词汇习得者和母语词汇习得者的区别在于是在原有的基础上所拥有的第二次习得经历,而婴幼儿的习得是第一次的习得经历。在第二语言词汇习得过程中,无论母语与目的语的差异有多大,两种文化之间多多少少会有一些共同之处,这就意味着,二语习得者在其母语习得过程中习得的、由母语词语所表达的某些概念,有助于第二语言词义的习得。我们还无法预言人类文化中哪一方面的特征有共性,但是人类文化是有共性的,人类学、社会学和心理学也许可以揭示不同文化的一些共有特征。通过这些共同特征,学习者进入另一语言的语义系统。如果我们能找到这些文化间的共同特征,就能轻松学会另外一种语言中表达这些特征的词语。

在自然语境中,二语习得者从交际对象得到的帮助类似于婴幼儿习得母语过程中从(保姆)成人那里得到的帮助。研究发现,本族语者对非本族语者说话时语速慢、句子短、语法更规范、词汇更简单,这种不同于本族语者之间交流时所用的语言被叫作外国人语言(foreigner talk 或 foreigner register)。外国语言者对于二语学习者是有帮助的,因为外国语言者有助于初学者更好地理解目的语,对目的语词汇习得帮助巨大。

语言迁移现象,有正迁移和负迁移,在自然语境的二语词汇习得中存在于二语习得的每一个阶段。如,学习法语的第二语言学习者,如果其母语是英语,那么他们就很快能意识到在英语单词中大部分以"ation"结尾的,在法语中都有其对等词,而且在法语中也是以"ation"结尾的。意识到这个,就会让我们做到事半功倍。

语言迁移还表现在阅读对二语词汇习得的影响上。在自然语境中习得二语词汇似乎与阅读技能无关,因为语言习得主要发生在真实语境的口语交际中,但是如果母语和目的语有共同或相似的书写系统,一个人完全有可能在没有专门学习目的语书写系统的情况下,读懂第二语言文本。例如,如果一个人懂德语和英语,就能够在没有任何荷兰语学习经验的情况下,轻松读懂荷兰语酒店手册。不仅如此，他还能够毫不费力地辨别手册上每个单词的词义。我们可以相信，在没有经过专门的荷兰语阅读训练的情况下，他有可能从文本中习得荷兰语词汇。

三、教学环境下的二语词汇习得

教学环境下的二语词汇习得同样受到母语词汇学习经历、语言迁移等因素的影响。除此之外，教学环境下的教师语言（teacher talk），与自然语境中的外国人语言（foreigner talk）和婴幼儿期的保姆语言一样，有助于学习者习得二语词汇。Henzl 等人发现，二语教师与二语本族语者的语言差别在于，在课堂教学环境下，二语教师的语言发音更加规范。

传统的第二语言教学法是将语言分解成不同的部分，逐一教给学生。老师利用化整为零、先分解再整合的方法，将语言灌输给学生，这种过程需要积累有关语言的知识层次，从而完整性地掌握语言，在教学中，语言被分解成多层语法结构和不同的特殊词汇表。

在分解式的课堂教学中，老师会标记记忆卡片发音、拼写以及词义来帮助学生记忆。这与传统二语词汇教学和自然语境中的学习方法存在着差异，在课堂中，老师利用单词卡片，让学生回答以下几个问题。

（1）This is a dog, yes or no?

（2）This is a dog or cat?

（3）What is this?

在反复展示写有目标生词 dog 的卡片同时，老师进行提问，以上三个问题的提示性程度依次降低。

由于自然语言习得环境的影响，所以往往很难去自由选择语言输入，因此人们在第二语言学习过程中提出了"分解式"的词汇教学方法，这一教学通过一系列课堂活动来帮助初学者选择性地掌握词汇，积累词汇量，让二语学习打下一个扎实的基础，但是有利必有弊，单独学习词汇，不能让学习者在特定语境中去体会，当其运用到句子中时初学者很难理解。

和自然语境中的语言习得相比，课堂教学在听说教学法（audio-lingual）盛行期间，学生只知道听，只知道写，运用能力完全得不到提升，现在阅读写作能力的培养得到了重视。由于各种改革，听说教学已经落后，现在的课堂更希望学习者们能够接触到实际文本，也是一种从理论到实践的一大转变，在各种练习、实践和学习任务的辅助下，文本被最大限度地用来帮助学习者学习词汇，大致有以下几种方法：

（1）各种阅读理解练习。
（2）课外阅读句子分析。
（3）词语分类。
（4）根据上下文分析词语的外延和内涵。
（5）从文章中搜集某些词语可能的搭配。

这种基于文本的课堂词汇教学法既有优点，又有缺点。优点是，与自然语境中习得词汇一样，学生从一开始就是在"真实的"文本语境中理解词义，在语言运用中学习词汇。缺点是，与自然语境中的词汇习得相比，在课堂环境下，学习者得到的语言输入量很有限。Singleton 估计在课堂环境下学习十八年所得到的语言输入量相当于自然环境中学习一年所得到的语言输入量。如果课堂教学可以与自然语境相结合（如在有些国家，第二语言可以在日常生活中使用），或者与浸入式教学（immersion programs）相结合，学习者得到语言输入的机会就会有所增加。

第五节 二语词汇知识发展模型

在二语词汇知识概念模型及操作模型构建的同时，一些研究者还研究词汇知识发展规律，确定哪些可以被视作词汇知识发展阶段的词汇知识层面，建构二语词汇知识发展模型。

一、国外学者构建的模型

（一）学习者内外因互动模式

该模型认为，词汇习得的过程体现了多学科的交叉和各种知识的融合，具体表现为语音、形态、句法、语义、语用和世界知识的聚合，而学习者对一个词的掌握深度主要取决于他的学习经历。

（二）词汇三维度发展理论

根据该理论，词汇知识的发展具有三维性，第一维度是从部分知识到精确知识连续体（the partial-precise continuum）。词汇知识的发展被视为一个连续体，连续体的一端是部分、模糊的词汇知识；另一端是完整、确切的词汇知识。第二个维度是词汇知识的深度连续体（the depth of knowledge continuum）。该维度实际上是一个学习者借以构建词汇知识网络的连续体，词汇知识的发展经过由"认识"到"丰富的词义表征"的过程。第三个维度是接受性词汇知识和输出性词汇知识的连续体（the receptive-productive continuum），词汇知识的发展需要经过从"认识""部分理解""精确理解"和"能够在不同语境中运用"等几个阶段。

（1）The partial-precise continuum.
（2）The depth of knowledge continuum.
（3）The receptive-productive continuum.

（三）多状态模型

Meara 不赞成连续体理论，认为词汇习得不一定是从接受性知识到输出性知识线性的、递进发展的连续体，在有些情况下，学习者也许不知道某个单词的词义，但是可以正确使用该词造句。他提出词汇习得的多状态模式，说明词汇知识从接收到生成不是一个连续体而是呈现多种状态，其中存在遗忘造成的一次性回落现象。

生词知识的增长从零状态（State 0）开始，有五种状态，可以从任何一种状态在一定时间内过渡到另外一种状态，有可能从零状态直接过渡到第五种状态（无论这种状态是如何被定义的），也有可能从某一高水平的状态回落到零状态或某一中间状态，因为学习者有可能忘掉已经学会的单词。这一模型看起来很复杂，Meara 没有从理论上描述每一种状态的具体情形，但在实践中，我们有时可以推测出某一学习者的词汇知识在特定条件下从一种状态到另一状态的可能性大小。

（四）多状态模型

Waring 进一步发展了 Meara 的多状态模型，认为各种状态不是由低到高、线性的等级递进排列，也许有些状态是闲置的，但所有的词都应处于某一状态。根据该模型，词汇知识的发展既不是递进的，也不是递减的，而是在不同状态间移动或叠加的。词汇知识的习得被看作是变化（change），而不是传统的词汇知识递进模型所蕴含的增长（growth），因此，该模型也可以用来说明词汇知识的耗损（vocabulary attrition）。不仅如此，由于各种状态都是相互关联的，该模型并不认为关于某一单词的知识必须要从状态 A，经过状态 B，到达状态 C，这与用来检测具体单词（word）知识发展的"词汇知识量表"（Vocabulary Knowledge Scale）是不同的。多状态模型似乎更倾向于从宏观的层面说明学习者词汇知识的整体水平（lexicon）。

(五) 词汇习得发展阶段模型

Jiang 的模型从发展阶段的角度来探讨词汇习得的模式。他明确地指出词汇发展包括三个阶段：

第一个阶段是形式阶段（the formal stage of lexical development）。学习者关注词汇的形式而不关注句法、语义信息，此时句法、语义信息并不是学习者心理词典的一部分。学习者必须激活第二语言词汇系统和第一语言词汇系统的联系，才能获得第二语言的句法、语义信息。

第二阶段是第一语言句法、语义信息的协调阶段。在这一阶段，学习者同时激活第二语言的词汇形式和第一语言的句法、语义信息。

第三阶段是第二语言整合阶段，第二语言学习者和母语使用者词汇习得的过程基本相同，同时激活词汇的句法、语义和词形信息。

Jiang 还提出了词汇学习中的"石化"问题，即学习者的词汇学习发展到一定阶段就会出现停滞现象。他认为，虽然从理论上讲，所有的学习者都可以达到第三阶段，但事实上，即使有充分的语言输入，大部分学习者也会停滞在第二阶段。Jiang 将产生"石化"现象的原因归于第一语言的句法、语义协调的存在。

二、国内学者构建的模型

(一) 第二语言词汇习得发展模型

该模型对课堂环境下的第二语言词汇习得发展提出几点假设：

（1）在二语学习的初始阶段（Initial Stage），学习者通过外部环境（如课堂）获得一定数量的目标语词汇的输入信息，经过大脑工作记忆的认知加工，其中部分信息转化为接受性知识，表现为可识别或认知的词汇知识。

（2）随着词汇输入信息的扩大和语言实践的加强，接受性词汇知识仍会不断发展，其中部分知识逐渐转化为产出性词汇知识。至此，词汇知识进入接、产并进的阶段。

（3）当词汇知识的习得和发展进入新的发展阶段之后，两类知识却以不同的速度或效率继续向更高的维度发展，直至出现统计学上的显著差异。即接受性词汇知识的繁衍速度高于产出性词汇知识，并持续性增长直到最高阶段。

（4）在词汇产接知识"行进"的过程中，出现的"超量"现象，定义为：习得者能在自由的环境下自主学习某些词汇知识，但是却没有对相应的接受性词汇知识做出表现或理解。这意味着在特定的语言环境下，学习者似乎更偏爱于自由输出，而上下文限制的接受性理解并不显著。

（5）对于词汇知识学习的输入与输出是在课堂上追求的一种同时进行的模式，但是这仅仅是理论上的目标。在二语学习过程中，学习者要将获得的知识进行分类，总结听力阅读之类的接受性语言词汇，促进二语习得发展。

（二）课堂环境下词汇能力发展模型

学习一门语言，词汇知识的重要性是不言而喻的。从社会语言学的辨析角度来说，词汇是社会交际系统中最重要的成分；从心理语言学来说，词汇既是语言的产出动力，也是听力理解的关键。由于词汇在语言交际中的特殊作用，语言教育者对于词汇习得的研究非常关注，通常词汇习得被分为心理研究和语言教学研究，分别通过词汇的表征结构和词汇量来进行解析。在学习过程中，能力发展被分为四个维度，分别是词汇量、词汇知识深度、词汇知识运用的精确度和词汇知识运用的自动化程度。根据这一学习模式，二语词汇能力可以在更深的维度上继续发展，在每一个学习维度下，不同的学习机制会导致不同的效果。重视每一个学习阶段的成果，需要将警觉、引觉和侦觉作为教学深化的理论基础。警觉的定义是指随时接受二语输入的意识状态，警觉虽然对学习本身影响不大，但是在面对复杂的学习任务时，需要保持警觉来激活引觉和侦觉，提升学习的效率。引觉将注意力资源引向感知到的刺激，来增加被侦觉的可能性。只有在这种学习模式下，学习的机制和原理才能够进一步得以提升。

侦觉是对注意到的信息实施进一步的处理，因此是学习发生的先决条件。Schmid 认为，二语输入必须先被注意才能为学习者所用，成为吸收的语言（intake），供大脑进一步加工。侦觉水平上的注意决定哪些信息内容可能被二语学习者所吸收和进一步加工。警觉、引觉、侦觉和意识它们在不同程度上是存在的，并非各自独立，它们在激活水平上还受到任务类型、语言项目、个体差异之间的影响。此外，其他同时进行着的、跟学习过程争夺大脑加工资源的认知活动也会对警觉、引觉、侦觉产生影响。

（三）二语词汇习得模型

董燕萍认为，二语词汇习得过程大致可分为三个阶段：

第一阶段：初级阶段。L2（Language 2）词汇间接地通过 L1（Language

1）翻译对等词（translation equivalent）和概念产生关系，这时的语法关系相差太大，导致学习者的语法知识体系建立不系统，不全面。

　　第二阶段：中级阶段。随着学习者对二语语言的学习，L2 词汇和概念直接产生关系，学习者在学习的过程中逐渐将会了解到 L2 词汇与其 L1 翻译对等词的不同之处，但是母语迁移（L1 transfer）仍旧存在。

　　第三阶段：高级阶段。这一阶段学习者的 L2 词汇知识体系将会接近或达到 L1 词汇知识体系。

第四章　基于语料库研究的二语词汇搭配

　　近些年来，很多学者一直致力于基于语料库的词汇知识体系研究，由于受到联结主义理论的影响，本书对汉语作为第二语言的词汇知识体系及其习得过程进行了研究。在第二语言词汇习得过程中，能够全面、准确地掌握目的语词汇的用法是词汇习得最重要的目标，也是词汇习得过程中最关键的阶段。第二语言学习者由于没有达到自由运用目的词语的能力，表现为基本了解和掌握了词的核心意义，但是使用单一，搭配词语不够丰富，同时，在一些常用词语的使用上存在一定程度的泛化，在词语使用上表现出简单和泛化的状态。第二语言学习者在习得词汇知识过程中，会受到母语和目的语的共同影响。因此，词语用法的习得是语言习得的重要过程，需要特别重视，而进行用法为基础的研究，其主要依据就是语料库语言学。我们可以从实际语料的统计结果中分析语言在用法上的特点，这样的理念可以贯穿在文字、词汇和句法等不同语言要素的习得过程研究当中，同样可以指导课堂教学、教材以及教学工具书的编写。为此，我们进行了下面的研究。

第一节　词语搭配知识提取

一、关于搭配知识

　　第二语言词汇习得的研究，由早期主要关注词汇量逐步转向词汇知识研究，比如"学会一个词意味着什么"。Richards 提出了一个词汇知识框架，认为词汇知识主要包括词语的频率、搭配、存储、位置、词形、关联、语义内涵、多义关系等几个层面的信息。形态、位置、功能、语义这四个维度是对词汇知识的一个总结，这一总结是 1990 年 Nation 在词汇知识框架的基础上得到的。同时，他还提出了两个概念，一个是贯穿各个层面的产出性词汇概念，另一个是理解性词汇概念。对于不同类型词语之间的相互联系以及不同词汇知识系统的提出是由 Schmitt & Meara 在 1997 年讨论强调的。在这一系统中以形、音、义等信息作为基础，通过搭配信息和词语关系去应用词汇。邢红兵在第二语言词汇知识的读音、词形、意义这三个方面具有较深的造诣，提出每一个词语都有其各自特有的属性、意义和规则，其中意义知识是词汇知识的核心关键所在，包括以下三个方面。

（1）静态知识。概念：是从第一语言中直接获得的词汇意义。意义：受母语的词义影响和第二语言使用的影响极其有限。

（2）动态知识。概念：是由语言使用所得到的词汇知识。属性：词语频度、家族关系、句法功能和搭配关系等知识，它虽然受到第一语言词汇知识的影响，但不能直接从第一语言中获得。

（3）词语关系。词汇知识不是单独存在的，词汇知识的重要组成部分就是词语之间的相互联系。第二语言也是一样。在第二语言中搭配知识成为第二语言的核心组成，需要我们深入研究。

Firth 认为一个词想要发挥它的作用，就必须和另一个词结伴出现，所以他在 1957 年第一个提出了搭配（collocation）的概念。随着学术界对搭配全面深入的研究，研究者们对搭配众说纷纭，分别有词汇－语义层面、句法层面、词汇－句法层面、语义－语用层面，但大多数研究者认为搭配知识涉及词汇－语义层面，强调搭配过程中语义的作用。从以上的种种层面中我们不难发现，词语搭配不仅是一种语法，而且更是涉及语义和语用层面。张寿康认为词和磁铁一样，同样具有吸引和排斥两种性质，这一说法在教学界意义非凡。同时，随着认知心理学理论的提出，对语言产生了巨大的影响，尤其是在语言加工和语言学习上，很多学者认为搭配是一个心理过程，是词汇知识不可或缺的一部分。近年来，对于第二语言的搭配知识，存在两种看法，一种是 Ellis 所提出的格式化学习，即组块推动学习，另一种则是 Wray 提出的非格式化学习，即通过处理单个词来学习。

Sinclair 指出，外语学习过程中，一个最重要的过程就是目的语中的常用词及其主要用法模式和典型搭配的学习。Durrant & Schmitt 认为成人第二语言学习会将词语同现信息保留在他们的输入词典中。[1]

二、关于词语搭配知识

在第二语言词汇知识系统中，除了形、音、义等基本信息以外，词汇知识的关键在于词语在使用过程中形成的相关词汇知识，比如词语的搭配

---

[1] 杨惠中. 语料库语言学导论[M]. 上海：上海外语教育出版社，2002.

信息和词语关系知识。第二语言词语学习的主要目标和难点就在于词语在目的语中的运用，表现在对目的语词语的熟练程度、对目标词语各种功能的掌握、对目标词语的各种搭配、词语的掌握以及搭配的丰富程度等方面。如何将目的语的运用概括成为学习者心理词典中的词汇知识呢？下面我们举例分析，张博、邢红兵建立了一个"现代汉语义项标注语料库"（以下简称"义项语料库"），该语料库选取了 1385598 字的书面语语料，内容包括报刊文章、汉语教材、科技文章、文学作品等；同时选取了 707478 字的电视访谈节目转写的文本，话题涉及社会生活各个方面。全部语料共有 2093076 字，经过分词和词的义项标注，得到全部语料库共有 1491266 个词。该语料库以《现代汉语词典》的义项分列为依据，采用计算机辅助、人工逐一校对的方法，对语料的全部义项进行标注，在此基础上形成了基于语料库的现代汉语义项次数的数据库，该数据库目前共有 52665 个词形、75073 个义项。我们选择一定数量的常用动词和形容词，从该语料库中提取这些常用谓词的全部例句，并采用人工分析的方法对这些词的句法功能及其搭配词语进行提取，最后得到"常用谓词句法功能及搭配词语数据库"[①]。

基于语料库的目的语词汇知识应该能够涵盖词语在目的语中的全部使用情况，从目前的研究来看，主要包括以下几个方面：词语的使用频度、词语的功能分布、词语的搭配知识、词语的使用框架、词语关系分析等。

三、汉语词汇搭配知识与第二语言词汇习得

语料库资源在第二语言教学及研究中已经发挥了重要的作用，我们可以从二语学习者的目的语语料库中提取例句，进行句法属性的相关研究并应用于教学；同时还可以提取汉字的频度、词语的频度、词语的搭配知识等信息，并将这些信息应用于教学大纲的编写，为教材编写中教学项目的难度顺序分布等提供排序的依据。我们也可以对学习者的母语（NL, Native Language）语料库和学习者的中介语（IL, Inter Language）语料库进行与教学相关的对比研究。词语的搭配知识一直是研究者们所构建的词汇知识体系中不可缺少的部分，甚至有学者认为词语在目的语中的运用知识是第二语言使用过程中最突出的问题之一。蔡北国研究了"中介语语料库"中留学生使用的动词"看"在意义上的替代错误，发现"看"代替了"检查、见、见到、看到、看见、了解、欣赏、游览、展示、观、见、看见、瞧、上、斜视"

[①] 邢红兵. 汉语作为第二语言的词汇习得研究[M]. 北京：北京大学出版社，2016.

等词语，出现了大量的替代情况，混用的范围也远远超出我们所界定的同义词范畴，本质上看，出现这类错误的主要原因还是对目的语的搭配知识不熟悉。

二语词汇习得研究的重要组成部分有以下几部分：

（1）了解获取二语学习者对目的语语料库词语知识的了解情况。通过这一部分，我们可以得到有效的数据支持，从而在词汇教学、教材编写、词典编纂等方面发挥巨大作用。

（2）对学习者母语词汇知识的掌握和引用进行细致的考察。通过这一部分，我们可以了解词汇知识和目的语对应词汇知识的关系。

（3）将母语词汇知识体系与其中介语的词汇知识体系进行对比，做出详细的分析报告。

通过这一部分，我们可以了解学习者词汇知识的发展过程，其中研究的关键是第一部分。这一部分中最有价值的应该是基于词汇搭配知识的提取，采用共现的方法进行共现知识的提取等，并依此建立学习者目的语知识体系。

四、汉语中介语词语搭配知识分布特点

我们在生活中运用语言交流交谈，通过词语的用法得到词语意义的过程就是母语的词汇习得。我们长期对母语的学习和应用，也让我们提取出了母语者的词汇特征；然而，对于二语词汇而言，二语词汇的获取就是从词语意义到语言应用的过程，也就是从理论到实际的过程，它与母语的学习是相反的。同时从心理词典的构建角度来看，词汇知识的获得也是语言词汇习得的关键。就目前的状况来看，由于我们对语料库中词汇知识的提取和利用的相关对比研究还过于浅显，所以导致的结果是在教学过程中语料库资源得不到最大限度的利用。

在第二语言词汇习得过程中，学习者习得目的语词语的关键是以目标词在目的语言中的使用情况为核心的动态词汇知识体系。从留学生习得汉语词汇的情况来看，搭配上的问题实际上是建立两个心理词典并形成各自的表征，同时建立起两个词典之间的各种关系的过程。因此，学习者母语词汇知识和目的语词汇知识关系的建立在二语词汇习得研究中就显得至关重要，二语词汇知识习得实际上就是摆脱对母语对应词用法的依赖、逐步形成目的语词汇用法知识的过程。我们以形容词"简单"在"中介语语料库"和"汉语语料库"的句法功能分布为例来说明（见表4-1）。

表 4-1　中介语和现代汉语"简单"的功能及搭配分布率

比较项		状语	谓语主语	定语中心语	状语中心语	补语中心语	补语	合计
中介语	词数	13	23	19	6	1	1	63
	比例（%）	20	36	30	10	2	2	100
汉语	词数	11	48	47	23	6	4	139
	比例（%）	8	35	34	16	4	3	100
中介语	次数	34	28	21	17	2	2	104
	比例（%）	33	27	20	16	2	2	100
汉语	次数	86	59	70	41	7	8	271
	比例（%）	32	21	26	15	3	3	100

从上表的对比可以看出，中介语"简单"的状语词语所占的比例高于现代汉语，状语中心语比现代汉语低，谓语主语搭配的词语比例和现代汉语接近，作为补语时修饰的动词比例略少于现代汉语，在带补语的比例上也比现代汉语略少。

在生活中，我们进行语言交流所运用的词语经常会表现出以下方面的特征，即句法功能、搭配词语及其使用频度、搭配词语的语义特征、各类词语的使用次数等。同时，这些特征在心理词典中也是词汇知识体系的重中之重。

第二节　基于语料库的词汇搭配知识结构

一、词语搭配知识的功能分类

因为汉语的形态是固定的，没有变化的，因此人们所知的搭配的功能类型其实是汉语的实词，它在句法中的功能是多样性的，而搭配类型的不同也是源于各种功能的作用下会使搭配词语具有独立性且形成聚合关系。例如宾语和动词的关系，在宾词被动词所带动下，两者之间的关系即动宾关系，这也是搭配功能的一种类型。打个比方，用"能力"作为表示意义的词语，我们来看看其同类型词语有哪些句法功能？用3个词即"能力、水平、本事"为主要内容。通过语料库中对这三个词语所具有的功能和其分布的状况进行资料收集，发现此功能可做：宾语、主语、状语、补语、定语等。

图4-1的数据表现出3个词语的各个功能搭配的词语所占的比例。

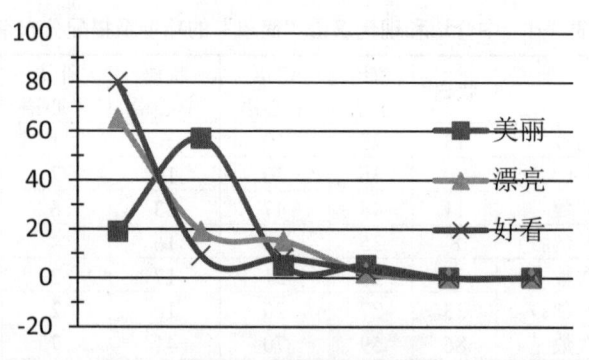

图 4-1 "美丽、漂亮、好看"功能分布对比

从上面的对比我们可以看出,在句法功能上,"美丽"和"漂亮"更接近,做定语是它们的主要功能,占绝对优势,而"好看"的主要功能则是做谓语,三个词语在功能分布上并不一致。按照这样的功能分布,我们在教学中就应该将三者的主要功能作为教学的重点加以强调。

词语的功能分布是词语知识的重要组成部分,也是二语教学中的重点,其中以谓词在语料库中的句法功能的表现更为突出,比如说动词所具备的功能就包括做谓语、做定语、做补语、做状语,甚至做主宾语。作为谓词的形容词的句法功能也很丰富,常用的功能主要包括做定语、做谓语、做状语和做补语等。我们从"义项语料库"随机抽取了 8 个形容词,对这些词在全部语料中的句法功能进行了统计分析,结果见表。

表 4-2　8 个形容词句法功能分布情况

词语	出现总数	定语 次数	定语 频率(%)	谓语 次数	谓语 频率(%)	状语 次数	状语 频率(%)	补语 次数	补语 频率(%)
重要	677	606	89.51	69	10.19	1	0.15	1	0.15
主要	390	314	80.51	3	0.77	73	18.72	0	0
正确	160	86	53.75	18	11.25	55	34.38	1	0.63
友好	151	66	43.71	7	4.64	78	51.66	0	0
突然	136	0	0.00	4	2.94	130	95.59	2	1.47
完全	87	13	14.94	0	0.00	74	85.06	0	0
幸福	82	43	52.44	35	42.68	2	2.44	2	2.44
整齐	15	7	46.67	3	20.00	3	20	2	13.33
合计	1698	1135	66.84	139	8.19	416	24.5	8	0.47

从上表的数据可以看出,我们选择的 8 个形容词一般都可以做四种成分,从这些词的句法功能来看,它们的主要功能是做定语,使用次数占全部功能的 66.84%,其次是做状语的功能,占 24.5%,而做谓语和做补语的比例很少。

二、搭配词语的频度分布

词汇要体现目的语的使用情况，其中最重要的一个方面就是要最大程度体现词语在目的语中的搭配情况。下面我们以形容词"高兴"为例，对"义项语料库"中"高兴"所搭配的各类词语进行统计分析。统计的主要搭配类型、搭配词语及其频度如下：

做宾语时的述语：感到（8）、觉得（5）、表示（2）等。

做谓语时的状语：很（44）、不（42）、特别（21）、非常（17）、挺（13）等。

做定语时的中心语：事（5）、时候（4）、样子（3）、事情（2）等。

做状语时的中心语：说（7）、笑（5）等。

做补语时的中心语：玩（2）、喝（1）、吃（1）等。

据此可知，"高兴"一词于句子成分和词语而言能实现各种不同的搭配形式，而词语的搭配知识也是由类似的搭配频率和搭配关系组成的，词汇知识的主体也是由这些知识来支撑的。

功能搭配词语聚类是以独立的形态来展现的，它的形成也是因为搭配词语的不同类型组成，于类别来说，在分类时可以根据属性的区别来进行的，就如上述所说的有关语义关系的聚合。词语组成的实质其实是利用共现的频率来实现两者之间的搭配关系，而其频率搭配又以高低频来区分。就像在状语的搭配中，以"高兴"为例，其搭配词语就有 26 个，然而其词语类型的表现意义有：否定、程度以及情态等，在进行与不同类型词语的搭配时我们可看到其搭配情况。代表否定意义的有不太、并不、不，其中以"不"的次数最多，有 67 次；代表情态意义的有尽快、当然、都、就、也、会等，当中次数最多的是"就"，有 7 次；应用最多的是表示程度方面的非常、有点儿、很、挺、特别、真、更等等，次数居首位的则是"很"，有 45 次之多。不难看出，从搭配关系上，利用"高兴"一词所展现出来的"状语－中心语"的此种聚类中代表程度的词语是主要的应用方式，当然也有些是以否定或情态来进行表示的。表示程度的词语会给学习者提供次数和意义方面的理解，比如有"很，特别，非常，挺"等。

三、同类词语的搭配规则

语言是一种交流工具，需要有明确的规范，语言使用者在这种共同遵守习惯化的语言规范下，能够清楚地表达感受和交流观点，从而相互理解，词汇的搭配规则也是有所限制的，词与词之间的搭配是受到语法限制和语义限制的。合乎语法规则和语义规则的为常规搭配，反之则为异常搭配。除此之外，词汇的搭配还受语境约束，需要借助语言环境，联系上下文的情境，在非语言环境中，结合语言场景、文化语境发挥想象和联合，重新将词汇加以诠释也会达到一种语言的妙境。更加详细的语言搭配规则见表4-3。

表4-3 "高兴"的搭配词语按功能情况的统计分析

搭配词语的类型	搭配次数 次数	比例（%）	搭配词语数 数量	比例（%）	例词
主谓搭配中的主语	168	31.17	29	23.58	我、你、他、她、心情、家长、父母
动宾结构中的谓语	22	4.08	9	7.32	感到、觉得、表示、感觉、显得、破坏
动补结构中的中心语	30	5.57	20	16.26	起来、坏了、极了、不得了
动补结构中的中心语	9	1.67	8	6.5	玩、喝、吃、忙、看、活、听、闹
状中结构中的中心语	252	46.75	36	29.27	
状中结构中的中心语	24	4.45	13	10.57	说、笑、点头、看、走、告诉、听
定中结构中的中心语	18	3.34	6	4.88	事、时候、样子、事情、人
动态助词	16	2.97	2	1.62	了、着

从上表的数据可以看出，形容词"高兴"的主要句法功能是做谓语，形成两个类型的词语搭配：主谓结构和状中结构，占我们统计的8种搭配关系的52%左右。同时，"高兴"还能够作为动词的状语，和中心语形成状中关系；作为名词的定语，和中心语形成定中关系；作为宾语，和动词形成动宾关系。形容词"高兴"和在语料库中使用的全部搭配词语按照句法属性可以形成不同的聚类，形成以"高兴"为核心的知识体系，在这个体系中，"高兴"通过与其搭配的词语，获得了自身的语义特征，比如通过状语"很、非常、十分"等词语的修饰，"高兴"可以获得具有程度的属性，通过主语和定语中心语，"高兴"可以获得中心语的分布情况，比如具体物"人"，抽象物"事情、事、样子"，时间词语"时候"等。

四、通过提取知识建立词语关系

词语在运用的过程中会形成多种关系，一般概括为组合关系（syntagm

atic relations）和聚合关系（paradigmatic relations）。前面我们分析的搭配关系，实际上就是一种典型的组合关系。

实际上在词语的运用中，组合关系并不是绝对且唯一的，偶尔也会有聚合关系的存在。当我们在进行词语聚合关系的学习时，是以如何将聚合关系的词语形成关联性以及在使用聚合关系的词语时学会辨别其区别性为学习目标。与表示能力一词常见的同义词语有"能力、水平、本事"等，不仅要学习如何确保它们关联性的形成，而且还要确保对于它们的使用以及区别是正确的。而句法功能的分布、框架的使用以及搭配词语的范围等方面都是在进行词语的区分时必须了解的前提。

在我们的认知中，对同类词语的区分是依靠词语搭配来逐渐形成的，同时也以同类词语搭配知识的分布趋于目的语为目的进行是习得二语词汇不可或缺的步骤。所以，同类词语搭配知识关联过程实质是进行第二语言学习的过程，而二语学习的关键是在于同类词语的扩展还有区分其使用位置。因为在一组同义词中，尽管各个词语意义相近，用法有一定的相似性，但是在搭配类型及其分布、搭配的词语等方面都有不同。

"改变"带宾语能力强，表现在使用次数、搭配词语数量及搭配频率都要高于"转变"，两个词的共同宾语成分只有"观念"一个词，并且更倾向于跟"转变"搭配。"改变"常用的搭配有"状况、面貌、方式、结构、观念、模式、方法"等，"转变"常用的搭配是"职能"和"观念"。通过分析两个词语的搭配知识，我们就能够比较直观地看出两者之间的差别不是在词语的意义层面，而主要是搭配词语。

第三节　词语搭配知识二语词汇词习得研究

一、词语搭配的错误率及其应用

一般情况下，错误率是指在中介语语料库中或者中介语语料库某个水平阶段的全部语料和某个母语背景等特定范围内词语出现错误的次数与使用总次数的比例，这是目前第二语言习得研究中衡量学习效果使用最广的指标。对于词语的句法功能和搭配关系来说，我们界定的错误率就是中介语使用的错误搭配数量和总搭配数的比值。比如"中介语语料库"中，"简单"的状语搭配次数是7次，其中有一个"比"做状语是错误的，因此出现错误的次数是 1 次，那么形容词"简单"状语搭配的偏误率就是 1 除以 7 得到的比例，即 14.29%，正确率就是 85.71%。从"中介语语料库"中挑选的 5 个形容词，加以应用于 3 个句法中，从而观察它的偏误率（见表 4-4），并对其进行分析和认识。

表 4-4 形容词句法功能偏误率（%）统计

词语	状中结构：状语+~			主语结构：主语+~		
	次数	错误数	偏误率	次数	错误数	偏误率
长	167	0.6	0.35	66	5	7.58
大	544	1.29	0.02	273	38	13.92
方便	97	5	5.15	46	8	17.39
高	205	3	1.46	189	31	16.4
高兴	384	17	1.42	349	11	3.15

根据 5 个形容词的 3 种成分的总偏误率表明，"方便"和"高"偏误率较"高兴"和"长"的偏误率大。在词汇与形容词之间形成搭配关系中，状语成分的错误率比形容词和修饰中心语搭配存在的偏误率要高。比如方便的偏误率达到 17.39%。但形容词在做谓语时主语的搭配也存在着问题，比如"大、方便、高"等。由以上数据可得出，每个形容词的功能偏误率代表的使用规则也有一定的差异性。形容词所具有的使用特性使其在应用中表现失衡。

二、搭配知识的丰富度

搭配知识的丰富度定义为一个词在"中介语语料库"中搭配数量占目的语语料库中所有搭配词语数量的比例，比如在"中介语语料库"形容词"长"的状语搭配丰富度是 40%，其中"长"做的状语共有 50 个，而在"很、最、好"等，"长"做中介语的状语有 20 个。我们统计了 5 个形容词的 4 种功能形成的搭配丰富度情况，见表 4-5。

表 4-5 形容词各句法功能丰富度（%）统计表

词语	状语+~			~+中心语			主语+~			~+谓语			总丰富度
	中介语	现汉	丰富度	中介语	现汉	丰富度	中介语	现汉	丰富度	中介语	现汉	丰富度	
长	23	51	45.10	27	62	43.55	25	47	53.19	0	7	0.00	44.91
大	46	40	115.00	197	215	91.63	121	120	100.83	2	13	15.38	94.33
方便	34	14	242.86	11	2	550	24	13	184.62	2	4	50.00	215.2

续表

| 高 | 40 | 38 | 105.26 | 33 | 69 | 47.83 | 67 | 99 | 67.68 | 0 | 3 | 0.00 | 66.99 |
| 高兴 | 76 | 8 | 950.00 | 12 | 6 | 200 | 10 | 4 | 250 | 44 | 14 | 314.29 | 443.8 |

从上表的数据可以看出,每个词语的搭配丰富度并不相同,"长"和"高"的搭配总丰富度不足,而"方便"和"高兴"的搭配总丰富度很高,这表明形容词搭配的丰富度并不一致。每个词语各个功能的搭配丰富度也有差别,比如"高"的状语丰富度和现代汉语语料库接近,但是"高"修饰的定语中心语的丰富度就不够,这表明"中介语语料库"中"高"修饰的中心语还不丰富,而"高兴"和"方便"的状语成分却存在搭配泛用的情况,比如"高兴"的状语有"常常、有点儿"等,"方便"修饰"看法"等,这些搭配在"汉语语料库"中都不出现。通过丰富度可以较全面地观察词语搭配数量和目的语中词语搭配数量的差别,了解搭配的词语是不是存在不足和泛用的情况。

三、中介语搭配知识和目的语的差异分析

将词语在"中介语语料库"以及目的语语料库进行调取比对,其搭配词语的重叠情况即是搭配知识中的匹配度。以"长"为例,对其进行修饰的状语以及可跟其搭配的词语,在查阅"中介语语料库"时可寻得 23 个,而与其可进行搭配的词语,在"汉语语料库中"可找到 22 个,所以 95.65%指的就是"长"的匹配度,即中介语的 23 个总搭配数与 22 相除所得出的结果;以定语"方便"来看,11 个是其在"中介语语料库"里与修饰的中心语的搭配结果,而"汉语语料库"仅 1 个是其可搭配的数量,那么就定中搭配而言,"方便"的匹配度即 11 为总搭配数的中介语被 1 相除,结果等于9.09%。如表 4-6 可看到我们对 5 种形容词进行比对后的配比情况。

表 4-6 "中介语语料库"形容词各句法功能匹配度(%)统计

词语	状语+~ 重合	状语+~ 全部	状语+~ 匹配度	~+中心语 重合	~+中心语 全部	~+中心语 匹配度	主语+~ 重合	主语+~ 全部	主语+~ 匹配度	~+谓语 重合	~+谓语 全部	~+谓语 匹配度	总匹配度
长	22	23	95.65	8	27	29.63	5	25	20	0	0	0.00	46.67
大	31	46	67.39	53	197	26.9	25	121	20.66	2	2	100.00	30.33
方便	10	34	29.41	1	11	9.09	3	24	12.5	0	0	0.00	19.72
高	18	40	45.00	9	33	24.24	21	67	31.34	0	0	0.00	33.57
高兴	6	76	7.89	4	12	33.33	2	10	20	4	44	9.09	11.27

从总匹配度来看，5个词语的匹配度不高，最高的"长"的匹配度也只有46.67%，这表明在"中介语语料库"中词语的搭配总量和"汉语语料库"的搭配总量差异很明显，显示出中介语搭配自身的特点。每个词语的各个功能的匹配度也有差异，我们分析发现，在"中介语语料库"中出现的和"汉语语料库"不匹配的搭配主要是一些错误的搭配或者是汉语不使用的搭配，比如说"长年月、高兴的心理、高兴的精神、高兴地感谢、旅行方便、高兴的精神"等。匹配度用来衡量中介语词语中的搭配项目和目的语中的重合情况。匹配度越高，搭配的范围越接近目的语，则表明中介语的搭配知识与目的语的搭配知识越接近。

四、词语搭配的频度分布

词语的搭配率定义是词语在中介语料库或者目的语语料库中和另外一个词语搭配的次数与该词语总搭配次数的百分比。搭配率是在功能分类的基础上进行的，举例说明：在语料库中，形容词"高"和"要求"形成主谓关系的搭配共有12次，"高"在主谓搭配做谓语成分的总共有170次，"要求"和"高"的搭配率就是7.06%；"高"在"中介语语料库"中和"要求"形成的主谓搭配只有2次，"高"作为谓语成分共有189次，"要求"和"高"的搭配率只有1.06%。为计算谓语与形容词的搭配率，我们抽取了6个和"高"形成主谓关系的词语的搭配次数，具体数据见表4-7。

表4-7 和"高"形成主谓搭配的部分词语的搭配率表

搭配词语		水平	气温	个子	要求	程度	收入
现代汉语	次数	5	2	3	12	4	8
	搭配率(%)	2.94	1.18	1.76	7.06	2.35	4.71
中介语	次数	32	21	18	2	1	1
	搭配率(%)	16.93	11.11	9.52	1.06	0.53	0.53

通过曲线图可以更直观看出6个词语和"高"搭配的搭配率情况（见图4-2）。

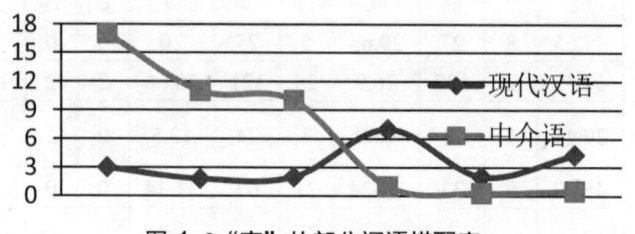

图4-2 "高"的部分词语搭配率

从曲线图可以看出，这 6 个词语在现代汉语语料库中的搭配率和在"中介语语料库"中的搭配率还是有很大差别的，表现为"中介语语料库"中"水平、气温"和"个子"的搭配率高于现代汉语语料库，而"要求、程度"和"收入"的搭配率却低于现代汉语语料库，这也表明二语学习者的搭配知识尽管已经获得，但是在使用上还不是很平衡，同样表现出泛化和使用不足的问题。

我们可以从上述几个方面进行中介语和目的语搭配知识的对比分析，从不同角度来考察中介语词语搭配知识的状态，分析和目的语之间的差异。这些概念同样也可以应用于中介语和母语、目的语和母语的对比研究，以及中介语语料库不同阶段的对比研究。

基于语料库的词语搭配知识的提取及其在汉语教学中的应用，强调基于二语学习者目的语语料库的搭配知识在二语词汇习得过程中的重要作用。词语搭配知识是词汇知识的重要组成部分，同时也是二语学习者目的语词汇知识的核心，是二语学习者学习目的语词汇的难点所在。通过分析，搭配知识是句法信息、语义关系、使用频度信息在心理词典中的反映，因此，搭配知识更应该是一种知识表征体系，具有心理现实性。二语词汇学习的过程，实际上是二语学习者目的语词语搭配知识逐渐丰富的过程，这个过程包括搭配词语的数量增加、搭配类型丰富、同类词语的搭配范围的区分，以及在此基础上形成目的语的词汇知识系统。根据上文的分析，我们提出基于语料库的词汇搭配知识习得研究的基本原则，如下。

（1）将词语的句法功能进行分类总结。

（2）统计搭配词语的数量和使用频率。

（3）站在全局的角度上分析介语词汇在错误率、丰富度、匹配度和搭配率等方面和目的语的差异性。

在二语学习的过程中，学习效果不光是由搭配知识所决定的，还与词汇的学习知识和使用情况相关。所以学习者母语语料库的知识提取与目的用语对比研究在学习过程中也具有重要的作用。

第五章 词块及二语学习词块能力培养

Pawley & Syder 研究过基于两个形式语言学理论所提出的第二语言习得问题：一，语言流利性问题；二，"本族语词语使用的近似性"，解释为对第二语言的词语选择是否能给人一种本族语者的感觉。Pawley & Syder 认为，即使第二语言学习者能够达到近似本族语者的流利程度，也往往存在如何获得近似本族语的词语选用问题。在第二语言的使用时，学习者都存在一个很大问题，即流利性虽好，可却还是无法与本族语者如出一辙。发音腔调的原因不是唯一的，更重要的一点是在对词语的选用问题上。也就是说，从语言表达的角度出发，学习第二语言的朋友之所以会与本族语者大相径庭，主要还是因为词块所致。

从词块的数量来说，用数以千计来表示母语是英语的人群对其词汇的掌握量都不为过，且在使用的频繁度上是较为明显的，这也是以为依据来研究第二语言习得的结果。词块是奠定以英语为母语者的基础，而并不是句法，就二语的学习者来说，将语法规则作为重点进行第二语言的学习及应用时，第二语言是很难达到与本族语者一样的高度，这是因为实际交际过程中词块是极其重要的，缺少了词块量的掌握，自然会加重对于语法规则的依赖，使得母语不得不迁移。所以二语词汇的习得过程中词块有着不可替代的地位。

第一节 词块的界定、分类及特征

自从 20 世纪 80 年代起，词块受到了研究者的关注。但这一概念到目前还没有一个被广为接受的定义，不同的研究者对"词块"这一语言现象有不同的表述，赋予了其不同的名称，如词汇短语（lexical or patterned phrases）、词块、词汇化句干（lexicalized sentence stems）、预制复合结构（ready made complex units）、预制语言（prefabricated language）、程式序列（for-mulaic sequences）等。尽管名称不同，但都集中体现了词块在形式上的整体性和语义上的约定性特点。

Becker 是最早提出预制语言（prefabricated language）概念的研究者之一。他认为，像 let alone、as well as 和 so much for 等特殊短语，在词汇学习中应当予以特别关注。语言使用者在表达思想时，可以随时从记忆库中调出这些预制的短语，把它们稍做加工，就可以生成符合语法的流畅语言。

Lewis 依照词汇内部的语义联系和句法功能将词块分为 4 类：

（1）单词（words）和多词词汇（polywords）。前者如 however、guide line，后者如 by the way，on the other hand。这一类实际上就是传统意义上的"词汇"，其特点是不能将它拆分开来使用，其中的单词也不能任意替换，如 by the way 不能用 by the road 来替代。

（2）搭配（collocations）。Lewis 对搭配的界定是"以较高频率出现的单词组合"。比如，rancid 几乎毫无例外地修饰 butter，而 suicide 则经常与 commit 共现。

（3）惯用话语（institutionalised utterances）。指形式固定或半固定、具有固定语用功能的单词组合。它们既可以是完整的句子，也可以是固定的句子开头，经常用在口语中，如 How do you do?

（4）句子框架和引语（sentence frames and heads）。这一类和第三类相似，但仅用于书面语，作为篇章组织的手段，是形式和功能固定和半固定的短语，如 on the one hand，on the other hand 等。

词块既包括类联结也包括搭配，两者只是抽象程度的不同。学习者在使用英语常用词时，在类联结和搭配上所表现的与本族语者质和量上的区别，反映的正是他们所使用的词块在质和量上的区别。这里需要说明的问题是：词块与搭配和类联结之间有什么关系？彼此是相互包容还是相互排斥的？搭配是语言学领域里一个重要的研究内容。词义不仅通过音素、词素、语法形式、语境等表达出来，还通过搭配来体现。在 Firth 看来，搭配是词语的结伴，即一些词项会习惯性地和另一些具有相同语义特征的词项结伴使用，如 night 的意义之一与 dark 结伴。Halliday 将搭配界定为"线性共现"，只要是在同一语境里共现的成对词，就产生语篇衔接力，就是搭配，如 sky，sunshine，cloud，rain 等。许多语言学家如 Firth，Leech，Bolinger，Halliday，Lyons 对搭配的定义有着共识，他们都认为搭配就是词的习惯性共现或相互选择。Biskup 将搭配定义为既不同于习语又不同于语法搭配的词汇的固定组合。词汇搭配不同于习语，因为前者而不是后者的意义具有组合性和透明性（如搭配 launch a missile 和习语 kick the bucket）。

类联接是指语法范畴间的结合。Firth 提出了类联接的概念，将其定义为"语法范畴之间在句法结构上的相互关系"。Mitchell 认为，类联接是关于词语组合类别的抽象表述，仅涉及抽象的语法概念与范畴。搭配是类联接的具体体现，是具体的词与词的组合。一个类联接代表了一个搭配类别，比如，常用的 N+V 就是一个类联接，它代表了 N+V 这一类搭配，其具体的搭配包括 data shows 和 evidence suggests 等。这样一来，词块就兼有了语法和词汇的特征，是一种语言使用惯例，作为整体被学习、储存和使用。因此，词块是比词语搭配更大的语言使用单位。

在本研究中，词块的操作定义界定为：由连续或非连续的两个以上的词组合而成、具有一定抽象度并频繁使用的、能表达一定意义并且具有相对完整的结构的语言形式。

以上述分类和操作定义为依据，可看出惯用语及自由搭配都不能概括词块。在惯用语来说，因其结构在一般情况是不能替换或更改的，所以于创新来说几乎是没有的；而自由搭配则是一种以临时的组合形式所表现的，无法预测，所以在把握度上也是有一定难度的。而在这两者之间则是词块的属性，以半固定的搭配形式存在于两者之中，与之对应的组合是在形式与功能上的运用，因此对于语境是有一定要求的，并且在语用功能上是有一定的稳定性。就像某词汇序列，不仅是形式相对稳定的结构，还是在一定范围内具有语用功能及意义，这些词块也因此成为习惯性用语。由于其自身特点所致，用语法规则在单词上进行自由组合的词块，却在解释固定短语中无法使用语法规则。

在结构上，有代表性的词块其完整度也是相对的。与一般的搭配同理，词块的内部语法构造是具有相应性的，所以进行语法的分析也是可以的。区别在于，搭配是临时生成的，而词块是现成的（ready-made），属于"预制的词块"（prefabricated chunks），作为整体保存在记忆中。例如，learn English 是搭配，是动词 learn 和宾语 English 的临时组合。hold your horses，和 I think（that）X 等则是词块。虽然它们也是按照一定的规则组合而成的，但是这种组合不是临时性的，学习和使用时都应作为一个整体来对待。与词块的固定性特征相关的是其不规则性，即语义上的非合成性。也就是说，我们无法通过词义间的简单相加来得到整个词块的意义，如 with respect to 这一词块的字面意义就与它实际表达的意义相去甚远。不规则性还指词块的结构不一定遵循语法规则，如 by and large 就很难用生成语法来解释其构成。

典型的词块通常具有可变性。词块与惯用语都属于预制的词块，但惯用语相对更固定一些，如 kick the bucket 和 raining cats and dogs 不能改变其成分，而词块相对而言则具有更强的可变性和灵活性。可变性强调词块可以根据不同的数、时态或人称等进行相应的语法变化，非连续的词块中间则可根据需要插入相应的词语，如在 produce evidence 这个词块中，可以根据不同的表达要求插入 hard，no，new 或 documentary 等形容词。词块的这种语法特征为学习词汇的同时掌握语法提供了可能性和有利条件。比如，我们在词块教学中可以对句子构造型词块适当地进行一些语法分析，使学习者认识到它们的语法特征，能够根据相应的语法规则填入所需要的词语或从句，生成新的同类表达形式。通过操作和运用，再使这些新的表达形式实现词汇化，从而使学习者获得更多的预制语块。

  词块的可变性导致了词块的生成性。从词块分类我们可以看出，从词汇层到句子层，词块构成成分之间在结构上的间断性增大，即词块内部可供语用变化的空间越来越大，这就为创造性使用词汇提供了空间，也表明词块具备生成性。词块克服了词汇与语法对立的传统观点，表现出一种更为辩证的语言观。它使我们认识到并非只有语法具有独一无二的生成性，词汇也具备生成能力。尽管词块具有结构上的固定性，但我们仍然可以通过语法规则进行分析。实际上，词块在本质上具有二元特征。根据不同情形，它们既可被看作词汇中不可分析的单位，又可使用句法规则生成语言，从而保证了语言的发展。由于词块可以与语用功能联系起来，随着学习者语言水平的提高，词块使得学习者在原有习得知识的基础上进行扩充。词块可以用在保证交际顺利进行、转换话题、提出请求、与人打招呼等众多交际功能上。

  Wray 认为，词块体系不是由无数词块构成的静态的集合；相反，它是一个在语言使用中为顺应交际需求而不断变化的、动态的、开放的体系。研究这样一个动态体系，必须采取开放的方法。结合我们前面探讨过的词块的分类方式来看，词块的分类多种多样，有的从形式的角度分类，有的从功能的角度出发，有的以意义为基准，有的根据词块的来源区分。这些分类方式表明了词块并不是一种整齐划一的语言现象，而是一个非常复杂的连续体（continuum）。正因为词块问题极其复杂，就要求在研究的过程中应综合词块多方面的特征。Wray 以功能为基础，尝试着从讲话者和倾听者两个不同的角度分析了词块在语言使用中的作用。于讲话者来说，词块能掌控信息，缓解交际的压力，减少交际时间，利于组织语篇，提高交际的效率。于倾听者来说，词块则有助于辨识讲话者的语音、语气，识别讲话者的身份，促进交流沟通。由此可见，交际过程充满了灵活性和不确定性。正是由于这种灵活性与不确定性，以及语言使用者的需求，导致词块的功能是动态的，随时变化的。

第二节　词块研究的理论基础

20 世纪的多数语言学家受结构主义的束缚，离开语言的实际运用而孤立地去研究语言，把语言看成是一个高度系统化、按语法词汇规则组合的独立体系。Chomsky 认为，语言是一个以规则为基础的系统，规则（rules）是最基本、最重要的，因为句子的建构首先是在符合语法或规则系统的基础上，通过词汇来补充规则而实现的。这种以规则为基础的语言观有其自身的优越性：它在最大程度上肯定了语言的"创造性"和"可变性"。但是，这样的语言观过度夸大了语法的作用。二语习得如果只靠掌握语法规则，忽视对词汇的记忆，在实际语言使用中就会出现许多显而易见的问题。首先，语法体系只能解释语言中受规则制约的部分（regularity），对于不规则的部分（irregularity），如惯用语等则束手无策。其次，并非所有合乎语法规则的结构都以相同的频率在语言中出现。如果二语学习者只通过以规则为基础的途径来学习第二语言，他所获得的中介语就必然带有"非成员"的标记。为了解决这些问题，便产生了另一种理论观点，认为语言更大程度上与词汇有关，尤其是在"实时的语言处理"（real-time processing）中。Pawley & Syder 曾对语言学理论提出了两个疑惑（two puzzles）：一是"像本族语者一样的流利"（native-like fluency），为了做到这一点，二语学习者仅仅掌握语法是不够的，还需要将词汇储存在记忆里。本族语者之所以能流利地讲话，是因为他们掌握了成千上万个词汇化了的句干；二是"像本族语者一样的选择"（native-like selection），即有像本族语者一样的措辞能力。有些二语学习者经过一段时间的学习，说话时可以达到比较流利的程度，但很难具有像本族语者一样的措辞，这就是词汇的选择问题。事实上，正如 Pawley & Syder 所说，根据句法规则生成的句子中，只有一小部分是地道的，为母语者所常用；很多句子虽然符合语法，但听起来却怪里怪气、"洋腔洋调"。

随着认知语言学的兴起和语料库语言学的迅速发展，词块在二语习得与应用中的地位和作用已经成为语言学界日益关注的课题。计算机处理分析语料后显示，在日常生活中，人们大量使用已有的固定词块，而并非用语法和词汇构建句子。即便是可做结构分析的词块，在实时使用中通常没有必要也没有时间去做这种分析。Sinclair 归纳出语义分析时人们应遵循的两条基本原则，即"惯用语原则"（idiom principle）和"开放选择原则"（open-choice principle）。区别在于用现成的大量词块来组织语句，还是选择合适的语法和词汇，从基础建设语句。

语言二重性的定义是指语言本身所存在的固有性质，且互相对立、矛盾的两种属性，就是语言物质实体上存在的一面，又有精神意识的反应。语言的双重性表现在用自身无意义的语音结构，构成有意义的语言单位。和由小单位构成大单位，即基础语素构成语句。在认知角度上提出的双模式系统。基于规则和范例的模式，当精确性要求较高时，以规则为基础进行二语习得。该模式优点为抽象性高、灵活性强；缺点是运用性较差，负担性较重，影响到语言的准确性。该模式在紧急尝试下最适合的是范例模式，适用于在交际时间比较紧迫时，不但可以减小大脑的负担，还可以节约精力和时间，但是缺点则是信息烦琐较多。

总而言之，学者们对于语言双重性的研究提出了很多假设。比如语言是一个双重体系，是以规则为基础的语言体系。并由单词和语法规则所组成，发展空间较为狭小，以记忆为基础的套语体系是以交际功能为基础的，其演变发展的提升空间较为开放。前者占据长时记忆的空间小，抽象性比较高，灵活性较强；而后者则能很快从长时记忆中提取出来，满足即时交际的需要，从而使语言的提取和使用准确、流利、地道。这两个系统相辅相成，都是语言不可或缺的组成部分。

在双重体系的理论框架下研究词块的理论意义不言而喻。如果说分析体系能够对人们在语言使用中永无止境的创造性（novelty）提供合理的说明，那么套语体系则能解释语言使用者在有限的交际时间的压力下所展示出来的程式性。语言的双重性观点使人们重新审视词块知识在二语习得中的作用。

第三节　词块在母语习得中的作用

词块具有因循性和约定俗成的特点，能否掌握一个词的意义和用法，其关键在于能否掌握能够体现常用意义和实际用法的常用模块。因而词块在词汇教学和词汇习得中占有重要地位。

自从乔姆斯基发表《句法结构》一书以来，他所引领的转换生成语言学在语言学界掀起了轩然大波，而作为该语言学派之灵魂和核心的普遍语法理论更是受到了普遍的关注。乔姆斯基认为，人类的学习语言的能力是与生俱来的。人类之所以能够学习语言是生而就拥有一个丰富且高效的语法体系，这是人脑的一种自然属性，人类的初始态就已经伴随这种天然特征，没有这种属性人类的语言就无法进步。普遍语法，既可以是硬件也可以是软件。普遍语法应用于每种语言具有灵活性，使不同的语言在一定范围内又存在差异性的同时，共同遵守一些基本原理，严格限制它的形式以及内容。有一些儿童不需要学习就能掌握某些动作，这是先天遗传因素决定，而有一些动作需要后天训练才能学会的。

Wray 对于母语习得中词块习得的研究表明，在母语习得中，分析体系和词块体系始终并存，只是其相对比重在不断变化，呈现出动态的过程。从婴儿开始说话 20 个月左右，词块体系占绝对优势。从 20 个月到 30 个月，随着词汇量的增加和分析能力的提高，分析性慢慢占据主导地位。从 8 岁到 18 岁，语法分析能力已经发展得较为完善，但是出于交际的需要，词块的使用不可或缺。成年以后，分析体系和词块体系取得平衡，在语言使用中各司其职。

在母语交际中，语言使用者并不是基于"开放选择原则"，按照语法规则的要求，逐词填充式地选择词汇，而主要是基于"惯用语原则"，选择合适的词语搭配或词块来实现意义。国外一些学者强调，在语言使用中，词汇记忆的作用往往多于语法的作用。通常人们想象的更多的是以词汇为基础的语言，但语言包含的词汇元素是不能简单地用语法加以解释的（Bolinger）。Pawley & Syder 认为，本族语者的流利交际技能是由于在交际中采用了一种链接（chaining）策略，将大量词块或子句连接起来，组成话语。Bolinger 也曾对语言使用者在通常情况下使用的语言是否都具有"创造性"表示怀疑。他认为，多数语言都是重复而不是创新。他在不否定语言具有创造性的同时，提出我们正在使用的语言多数情况下可能都是前人使用过的。我们平常的交流并不总是具有"原创性"，而更多地具有"通俗性"和"可预测性"。

第四节　词块对二语词汇习得的促进作用

我们认知一切事物都是从简单到复杂，从模仿到创造，从广泛的吸收到最终的产出，这种认知方式具有普遍意义，因此以词块的形式习得语言符合认知的基本规律。

在二语习得中，以规则为基础和以词汇记忆为基础这两条途径是相辅相成的。我们应该在不否定语言"创造性"的同时，强调记忆中的已有词块对二语习得的作用。Widdowson 指出，学习词块比学习语法更重要，语言知识在相当程度上是词块的知识，而语法是第二位的，本身没有生成作用，只起调整和协调的功能。许多强调词块重要性的学者指出了二语学习者在词块知识上的欠缺，倡导高度重视词块的学习。

本族语者与非本族语者使用语言的差异性就在于是否能够流利表达，是否能够将长期记忆里所存取的词汇灵活运用，加以组合搭配得当。长期的记忆储存保有了语言交际的流畅性和准确性，但是在学习者应用过程中，流利性和搭配问题都会有所阻碍，原因是二语学习者所学习到的语言输入量有限制，经过长期储存，便不能及时提取应用。而本族语使用者，已将本语作为长期记忆储存且经常应用。所以既不会给大脑增加工作负担，也不会在流利上有所问题。第二个问题就是在提取记忆过程中怎样进行灵活应用，就是提取记忆的操作过程。学习者需要注重使用语言的输入形式和用语规则，并且不受储存量的影响，随时提取记忆。不仅要从深度上来感受个别单词的意义内涵，也要从词汇量方面加大词汇记忆，这样在使用时哪怕记不起来个别单词，也可以用另一个单词来替代。

从前面的论述我们可以看出词块在儿童习得母语中的重要作用，那么把英语作为外语的儿童的习得情况又怎样呢？有的研究者发现，非英语母语的儿童在学习英语时经历了同样的过程。白田（Hakuta）研究了日本儿童习得英语的过程，发现他们也是大量地使用不同形式的词块。他把这些形式区分为常规板块（prefabrica ted routines，如 what-is-that）和结构板块（pre-fabricated patterns，如 this-is-an-x），并且指出儿童是以板块的形式来记忆，并把它们作为日后分析和习得句法的语料。

Hakuta 的观点得到了 Lily Wong-Fillmore 的支持，她对西班牙儿童学习英语的过程进行了研究，发现在他们的语言行为中绝大部分也是语块。Wong-Fillmore 还对一名在美国学习英语的中国人的情况进行了研究分析，结果表明在实际语言产出中，学习者将近 50% 都是直接使用预制的公式化语言。于是，她得出结论：以形式化的言语来学习外语是儿童的主要策略。

Wray 也对不同年龄阶段二语学习者的词块习得进行了探讨。她认为，婴儿学习二语与本族语者学习母语是非常接近的，都大量依靠词块来满足交际需要。5岁至10岁儿童,会有意识地使用词块来弥补二语知识的不足;词块是帮助他们进行成功交际、展示自我并融入目标语团体的重要策略。反过来,词块对二语习得也起着积极的作用。儿童通过词块弥补二语知识的匮乏,使交际得以延续,从而有更多的机会获得持续的二语输入,进一步提高二语水平。[①]

像在母语习得中一样,词块法也把二语习得的过程看成是一种认知过程,遵循"观察－假设－验证"的程序。但是,成人二语习得中的词块习得与儿童词块习得有所不同。在二语习得的早期阶段,成人还没有形成完善的二语语法系统,他们为了获得一定的交际能力,会刻意重视词块的学习和使用。这一阶段的成人二语习得和儿童语言习得的早期一样,都是把外界的语言输入不加分析地吸收,然后再不断地改正,直至建立正确的语法规则,并最终能够创造性地使用语言。具体地说,就是通常先以词块的形式接受,然后模仿、套用到具备了语法能力之后,再对词块结构进行加工或填充,达到创造性使用的阶段。与在儿童时期习得过程有所不同的是,随着年龄增长,人的记忆会有所限制,应用词块的能力反而会停滞不前,这是很普遍的。无论是第一语言还是第二语言习得都有共同的影响因素,首先都必须要具备语言习得的基本条件,都需要一定的习得环境,并能够受到习得环境的影响,而且受到语音、词汇、语法三个因素的作用,研究深度都要涉及语言习得的语法规则和文化。年龄在语言学习中是十分重要的因素。最有利的学习时间即为出生后的最初几年,也就是儿童生理时期。幼儿在一岁以内生长发育最旺盛的时期,即为学习语言的最佳时期,青春期之后大脑分化出不同的功能区域,失去了原有的弹性和灵活性。而且语言习得环境的不同也造成了不同的学习成果,儿童具有语言习得环境,在周围人都是母语的使用者情况下可以随时随地受到母语的感染,真正以交际为目的说出语言。当然,成年人的语言习得主要是在课堂上,是一种人为创造的语言环境,不是在真正的自然语境中习得第二语言。为了习得而练习,为了学习而学习,是一种不真实的交际环境。在学习方法上,父母是孩子先天性语言习得的老师,在这纯粹的语境之中,父母会不厌其烦地为孩子讲解,激发孩子学习的兴趣。而对于成年人来说,老师则是引导成年人学习语言的方向,学生不得不花费时间去记忆单词、词组、语法等,

---

[①] 严维华.语块对基本词汇习得的作用[J].解放军外国语学院学报,2003(4).

机械性的记忆过程则会减少学习兴趣。儿童从开始学习语言就一直在用语言做事情，而成年人总是使用语言做不真实的事情，语言学习的重点放在语言规则上。老师控制课堂交际，学生使用语言进行练习的机会有限，而且除此之外，来自其他语言的干扰也有一定的影响，成年人是在习得母语的基础上进行另一门语言的习得，母语对于其他语言会有一定的影响，所以难免会出现中式英语这样的说法。

有学者认为，词块是由词义、语义句法和语法所组成的，在词块的基础之上明确词块结构，更能加深词汇的研究深度。Pawley & Syder 也指出，二语学习者需要掌握大量词块，以解决语言习得的地道和流利问题。因此，建立并保持词块能力的平衡是二语习得成功的关键。在当前外语教学中分析体系已经受到足够重视甚至过于重视的背景下，培养和发展词块体系就成了当务之急。

第二语言习得研究表明，词块是第二语言习得不可忽视的一个重要过程，尤其是在初学阶段。词块对于提高二语能力的作用表现在以下几个方面。

一、改善言语交际的流利性

流利性是第二语言习得和外语教学明确追求的目标之一，也是第二语言习得研究的热点问题。就外语教学而言，流利性通常指学习者能自如使用外语进行有效交际的能力，包括言语的流畅连续性和意义的连贯性。语言是受规则支配的符号系统，毫无疑问，语法对语言习得具有极其重要的作用，对语言的流利性也不无影响，对结构复杂的句子的生成和理解更是如此。然而，就语言生成的编码过程而言，尽管语法能够帮助人们生成无限多符合规则的句子，但它所需要的资源比较多，需要交际者特别注意句子的结构，对其进行分析或提前计划等，这势必影响交际者对交际内容的注意力和言语表达的流利性，不符合语言信息处理的简洁原则。语言的使用，无论是口语还是书面语，往往都是即时生成的，并不是交际者事先有意识地选择好了句子结构再进行下去的。词块分为两种编码方式，一种是以语法为基础的"规则型"，另一种是以词块为基础的"范例型"。有研究表明：这两种编码方式在人们的日常言语交际中被交替使用。词块在使用过程中无须交际者耗费精力去注意语法结构，也不需要占用交际者的计算资源，因为词块是现有的并且完整地被保存在记忆中的独特的词汇现象，它在即兴的交际中可以迅速地被提取使用，极大地缓解了临时组装语句的压力，从而使交际者将更多的时间和精力用在言辞内容的深化和意义的表达上,从而保障了即时交流的顺畅性。通过词块,学习者无需对其想要表达的内容进行结构分析与重组,便可十分流畅地进行表达。由此可见,词块很好地促进了二语学习流利性的培养,同时也能够让学习者从中感受到成就感。

二、降低二语习得的运用难度和增强学习者的自信心

掌握了词块,学习者在交际过程中面对语言编码时就能够驾轻就熟,在使用现成的词块时也可以运用自如,大大减缓了交际中的压力。从而加快了掌握第二语言习得的进度。词块使二语习得变得更加容易。词块有两个显著特征:

第一,词块在语言中出现的频率较高。这在 Yoshida 的研究中有说明,通过熟记(memorized)形式,能够使经常出现的程式性组块得以习得,同时较高的频率又使得这类经常出现的程式性组块能够自然循环。

第二,此种程式性语言的类型在语境中是具有依附性的,并且于情景意义上来说是具有关联性的。正是基于这两个特征,在学习二语的过程中,词块可以有效降低其习得难度。

由此不难看出,词块习得的难度降低得益于出现的高频率和语境的依附性。高频率和语境依附性让人们对所学内容产生了形式－语境－功能之间的联系,形成一个整体,从而以整体形式习得并存储。这种高频率和语境依附性则是来源于词块的二语习得。由于省略了了解其内在构造的步骤,也不需要对句法规则进行分析,只要检索和提取即可,词块便成了语言使用上最常用、最有效的手法。

三、克服认知加工的局限性

Cook 指出,无论是本族语儿童还是成年人的言语加工记忆容量都要受到句法复杂性因素的制约。这种制约作用对于二语学习者来说尤为明显。Pawley & Syder 提出了"本族语者流利之谜"这一问题,即从理论上讲,本族语者在快速处理语言时存在认知局限性,但从表面看他们又能在语言产生过程中克服这一限制。通过对心理学文献的研究。他们发现,本族语者在语言处理时的极限是每次一个从句的长度,不超过 8~10 个单词。讲话时他们在语句中间速度快而流利,但在句末会有所放慢,甚至停顿下来以便构建下一个句子。讲话人较少会在句中停顿。Pawley & Syder 用"本族语式的流利"指操本族语者说出长串语句时超越其编码和解码负担的这种能

力。他们发现，词块正是克服这种局限的有效方法，因为词块以整体形式存储，容易提取。这也意味着学习者在使用这些词块时不必考虑语法，可以把注意力从语法转移到相关性、连贯性和得体性等方面。这样一来，学习者就可以在更高的语言层面上组织言语，并保持交际的流畅。

四、克服结构法和交际法的偏激影响

不同的语言学理论指导下的外语教学中，存在两种极端的倾向。结构法强调语言知识的学习而不是在课堂教学中直接培养学生的外语交际能力；交际法则过分强调把交际活动引入课堂，而往往不重视语言知识的系统教学。我国的外语教学在很长一个时期采用结构主义的教学方法，强调刺激反应的习惯形成和语法形式操练。后来交际教学法引进之后，又片面强调语言交际的流利性，在某种程度上忽视了语言运用的准确性。

"结构主义以（语言）分析为中心，只反映了（交际）能力的一个方面，代价是牺牲了（语言）运用；交际法以运用为中心，却相对忽视了分析"是 Widdowson 为此而进行的批判的言论。不管是学习语言知识，还是培养交际能力，两者都应该同步进行，科学合理地相结合，防止极端现象的发生。貌似词块的作用上还具有折中性的，在促进学习者不管是语法知识还是语言运用上的发展方面可以有着平衡性的，也因此调和结构法与交际法之间过分偏颇的局面。

第五节 学习者英语词块使用失误及原因

语法化的词汇是语言的本质，从根本上说也是词块观的原则，所以词汇化的语法是错误的认知。在词块的应用中对其进行提取是有效的，而且不存在语言使用者会将注意力放在某个单词上的情况，反而会引导其对语篇的层次结构上的注意力的集中。这是有科学依据的，是语料库语言学还有语言习得的研究成果。常用口语有 70%是来自词块的组成，这一结论的发现者是 Altenberg。词块在二语习得过程中占有重要的地位，因为本族语使用的语言大多都是规定化的，也就是说明本族语大脑中存有很多可随时提供使用的程式语言。词块在母语使用者的运用之中占有关键性的地位，本族语使用者都会在大脑中预先制定好词块，再用于日常生活交流之中。

词汇是语言学习的基础，在二语习得过程中，词块的作用远远重要于

语法，是保证语言流畅性和地道性的主要因素。研究人员将词块定义为词汇短语、词汇化句干、预制语言等。随着认知语言学和语料库语言学的兴起，词块在二语习得和应用中的作用更是不容小觑。语言在相对封闭的语法系统的基础上，不断地被大量程式化、惯用化的词块体系所充斥，两者相辅相成，构成二语学习不可或缺的部分。Firth 早就注意到了词汇搭配与外语学习的关系，他认为，本族语者能自然掌握词的搭配知识，外语学习者却需要像学习词汇那样地学习。根据我们对词块的认识，我们着重从两个方面来探讨学习者词块使用的失误，即语法型式（grammatical pattern）和词汇型式（1exical pattern）。

一、语法型式失误

语法型式就是句法结构（syntactic structure），也相当于类联结，是词汇的限定性组合，也就是说，这些词的组合是受限制的，而不是随意的。例如，动词 consider 经常用于 VNto-inf，VNN 以及 VNAdj（to-inf 表示带 to 的不定式）等结构中，表示该动词后面有时可跟一个名词（或名词词组）和动词不定式，有时可跟两个名词（或名词词组），有时可跟一个名词（或名词词组）和形容词（或形容词词组），等等。以动词 protect 为例。在英语母语语料库 BROWN 和 LOB 中，动词 protect 一般只用于类结构中，即 VN 和 VNfrom/againstN，而且以前一种用法为主，二者之间的比例是 4∶1。而在中国学习者语料库 CLEC 中的大学非英语专业子语料库中，除了使用以上两种结构之外，学习者经常使用的一种结构是 VNfrom-ing。三种结构使用的比例为 79∶4∶11。可见，在中国学习者中 protect Nfrom-ing 这一结构有一定的典型性，如 protect fresh water from being polluted；protect the waters sources from being polluted；protect water from polluting；protect the clean area from being destroyed；protect rivers from being polluted 等，而这种结构在母语语料库中没有这样的用法，因此对母语者来说，这一结构是错误的、不可接受的。造成这种误用的原因主要来自两个方面。第一，语际影响即受汉语翻译对等词的影响。动词 protect 的汉语对等词一般是"保护"，而在汉语表达中"保护某人/某物不受"是一种可以接受的结构，学习者就想当然地把汉语这一结构对应地翻译成 protect someone/something from-ing，因此就出现了这一结构。第二，语内影响，即学习者中介语中已有的英语知识的影响。英语动词 protect 和 prevent 词形相近，意义也有类似之处，而且学习者相当熟悉 prevent 的 VNfrom-ing 的结构，所以学习者将 prevent 和

protect 两个动词类比，从而导致了 protect 的误用。语际影响和语内影响往往交织在一起，共同导致学习者的言语失误。

让学习者颇为吃力的是学习语法形式时的短语动词。虽然某些单词的形态并不复杂，但是对于短语动词而言的掌握及处理其难度是要上升一个等级的。用词汇来表示短语动词在语言学的认知，就好比个体词的本意会在短语中蜕变，以全新的概念进行呈现。词汇化是短语在语法结构中的必经之路，也就是新词位的转变。进行短语的认知过程其实就是改变了其组成部分之间的语义，将整个短语词汇化。

总而言之，学习者会因为各种原因使得在语法型式中会出现使用不当的词存在，就像我们之前说的，有些是被母语所左右，有些又是因为储备的目标语知识不足，还有的在进行概括时夸大了，又或者是类比时使用错误。出现这种情况是由学习者的惰性与惯性所致，换句话说就是在词块的使用时不会将所掌握的进行适当的取舍，而是习惯性地选择高频搭配词语，而忽略了新词块的应用与搭配。对于二语学习者来说，在语法型式的学习中通常都存在一个陋习，即掌握了某个词的某种用法便觉得与这个词有关的所有都能为其所用。这也导致了二语学习者的差异性。外语语言形式知识的全面性于二语学习者来说是非常困难的，所以石化现象也是因此而来的，针对这一点我们在这里就不做过多的解释了。

二、词汇型式失误

词汇型式的表达方式有很多种，如词汇结构、以自由组合形式存在的词，以及词语的搭配。词汇型式就是词在共现关系中都是以独立且分开的形式所呈现的词位，但自由是有范围限制的，其限制性与开放性就是对词汇型式的划分。在词的搭配过程中，某些词能与之进行搭配的寥寥无几就是限制性，比方说用来修饰 skin 以及 hair 的 blond，尽管在搭配上是没有过多的限定，可于本族语者来说，他们内心对词汇搭配是有一套既定的体系的。所以一旦跳出这个体系的认知词汇搭配就会显得怪异，虽然能明白其所说的含义，但是却不够自然。开放性顾名思义就是词可以进行任意搭配，就好比与名词进行搭配的 good 以及 bad，无论哪个名词都可以与之匹配，而使用形容词来对 flower 以及 experience 进行修饰时也是没有限定的，但经验与认识使词汇组合还是存在着一定的局限性，所以对于使用词汇时那些因循性、开放性等自由也只能说是在意义上有所体现。

Attention 是个名词，我们以它作为例子，能与之相匹配的动词我们在母语语料库中可找到 draw、call、devote、pay 等为主，也可以看出很多动词能与 attention 进行搭配。可是 pay 在学习者的语料库中是对 attention 进行搭配的动词的不二选择。而于学习者而言，对 vnton/-ing 连接的词块是要比 pay/attract attention 这种 VN 类联接的词块应用得多，熟悉度也颇高，即前者类型如 pay attention to（doing something），后者则是 pay/attract attention 的类型。

另外学习者还会使用 pay attention（to）do something，take/put attenti onto something 等错误词块。

在学习者语料库中，动词 develop 通常用于 VN 结构，与其搭配的名词通常是 develop his ability，develop the country，develop the economy，develop our industry，develop the technology 等。在母语者语料库 BROWN 和 Lob 中，虽然 develop 通常也使用 VN 结构，但是，学习者经常选用的以上搭配词在英语母语者语料库中多数并没有出现，出现的只有 ability 和 technology。母语者语料库常用的名词搭配是 skills，autonomy，sense，strength，即构成 develop skill（autonomy，sense，strength）等典型的搭配。因此，二语学习者和母语使用者在应用与 develop 搭配的名词上有着显著的差别。除了 ability 和 technology 之外均大致相同。其原因主要是母语的影响作用较大。学习者在学习 develop 时，最常见的就是和汉语释义"发展"等相联系起来，而汉语的"发展"和"提高"意义相近，便分化为同义词。于是，一与 develop 有关的释义中，比如"发展/提高"等，与之最常见的搭配则为"发展/提高经济/技术/能力"，因此在二语使用中学习者选用 economy，country，technology 和 ability 作为搭配词就说得通了。实质上，develop 在汉语释义中不仅有"发展"，还有"使形成，研制，培育；使成长，使发育；产生，获得；开发"等义项。但大多数人只将"发展"这一义项熟记于心，而忽略了其他意义。因此，记忆单一词汇的意义会给词汇的搭配使用造成很大的误区。

Sinclair 认为，当人们谈论起社会上某些事物时，所采用的方式及语言往往反映出某一文化的认知方式和思维逻辑，所以母语文化对于生活中仍然缺乏彻底性的认知的事物具有联想作用，母语者在学习第二语言过程中会与目标语搭配规则相冲突。比如在汉语上的"知识"与"学问、阅读、文化、识字"等在某种程度上具有同义性，在某些语境中可交替使用；"知识"可以"吸收"（absorb）、"掌握"（grasp）、"积累"（accumulate）等，一旦被转化为英语，就显得缺乏意义而表达不充分。学习者语料库中的 show ability, perform ability, raise ability, do achievement, win achievement, touch society, occupy knowledge, gather experience, enrich spare time 等都是母语表达字面直译的结果。

三、中国英语学习者词块使用失误的原因分析

从中国学习者英语词块使用的情况分析来看，中国学习者对词块的掌握还处在一个较低的水平。这反映了学习者词汇知识尤其是词汇深度知识的掌握还有很长的路要走。学习者往往只注意单个词的形音义以及少量词组的学习，而对大量地道的目标语词汇的组合却注意不够。当学习者的目标语词汇知识不足以满足其表达需要时，他们要么在已有的目标语知识基础上进行类推或者过度概括，从而导致语内迁移；要么转而依赖相应的母语知识来弥补，从而造成语际迁移。由于英汉两种语言的差异性，这种迁移往往是负迁移，因此出现大量的词块失误。

外语学习的过程是一个漫长的内在化过程，涉及许多复杂的原因，出现一些错误也是可以理解的，经过分析也是可以解释的。Corder 把语言错误分为三类：

（1）系统前的错误。这些错误表明学习者仍然处于摸索阶段，对所学语言的规则感到模糊，但为了表达，只好从已知的语言素材和已经掌握的语言知识中去寻求帮助，从而造成错误的类比。

（2）系统的语言错误。这些错误表明，学习者不但不知晓自己在语言规则上出现了错误的假设，甚至还不断地利用这些假设来进行使用。就好像，学习者错误地认为某词的个别义项是该词的全部，所以会出现搭配不当的现象。

（3）还有一种错误是在语言上的系统性错误。根据这些错误可知，虽然某语言规则已被学习者所掌握，可是经常会短暂性地失忆，致使错误的发生。这是因为缺乏语言环境的塑造，致使其无法在多种语境中进行所学词汇的训练。

就语言的本质而言，母语中存在的言语失误跟二语学习时所犯的错误是截然不同的。目标语理解得不够透彻，吸收得不够全面才是外语学习时的错误根源，以三方面为其主要表现。第一，在概括时的过度化：在学习时是按母语来同理进行的，学习者以自身接触到的语言材料为基础来进行语言结构上的概括，所以也导致了因概括的不全面对其的使用范围不了解，而在结构上错误地使用。比如，前面谈到的学习者对动词 develop 的掌握就

是这种情况，他们只掌握了其"发展"这一个核心义项。而对其他义项却没有注意或注意不够。这就要求学习者在词汇学习中，不仅要注重词汇的宽度即词汇量，更要注意词汇的深度，即词汇的不同义项以及词汇的搭配等方面的知识。第二，是应用规则的不完整（incomplete application of rules）：学习者要产出某些结构，而他们往往不能像本族语者那样全面；而英语本族语者会使用不同的表达方式。这种差异的原因可能是学习者的知识图式和母语文化的思维方式有所差异，导致对他们的语言运用不流畅。再比如，关于英语动词的使用，及物动词要求有宾语，不及物动词要求用介词连接宾语。学习者往往只掌握了词汇的意义，而忽略了其用法，使用中就会出现下面的错误：The boy was learning swimming; she saw it when she arrived the house; it can contribute our society a lot; they cause to water pollution; we will never lack of fresh water anymore; prevent from the pollution of water 等等。第三，是形成错误的概念（false concepts hypothesized）：学习者往往对所学语言的特点形成一些错误的理解。这些错误往往源于教科书或教师的讲解、学习者之间的互动。比如英语中存在一些近义词，但它们只是意义相近，其用法却不相同，彼此各有不同的搭配关系。学习者却可能做出错误的假设，认为这些词在某一搭配结构中可以互换。如在学习者使用的 study knowledge 中，他们就用 study 替换了 learn 或 acquire。尽管 study, learn 和 acquire 都表达"学习""通过努力获取"等基本意义，但 study 和 knowledge 由于受惯用法的限制，本族语者极少使用。这三方面的错误不同于成人母语的言语失误，是语言学习过程中的错误。

中国学习者在词块使用中的另一种失误是忽视例语搭配的限制。词语搭配是语言内部运作机制的一种因循习惯。词语搭配在很大程度上是一种惯例性的行为方式，其行为受语言运作机制的调节和制约，这就是词语搭配的因循性。本族语者能够准确、自然地使用这些因循性搭配，这是由于其大量的语言输入和长期的语言使用经验。而中国英语学习者缺之这种语言经历，如果他们忽视其中的制约，违背本族语者所遵循的惯例，就会使用不为本族语者所接受的词语搭配。如中国学习者会使用 they often take a tougher fight in life 和 few people dare to have this big risk 这样的表达，在 have a fight 和 take a risk 两个词语搭配中，have 和 take 具有相同的句法作用，表达类似的动作。但是，何时使用 have，何时使用 take，完全是本族语者的一种因循性的行为，中国学习者将二者互换成 take a fight 和 have a risk 就不能被本族语者接受。因此，二语学习者学习词汇搭配时必须遵循这种因循性。

第六节 二语学习者词块能力的培养

一、中国学习者词块学习和使用的现状

我国传统的二语词汇教学以"词义驱动"（meaning driven）为主，因此学习者往往只通过机械记忆单词或固定短语的词形及其中文对应意思来扩大词汇量，而对词汇共现的内部要求并不了解，忽视了词汇知识向深度的发展。这就是众多学习者经过很多年的学习，英语水平仍然提高缓慢，甚至出现石化现象的重要原因之一。对于二语学习者来说，熟悉英语中的词块是必不可少的基本功。不管是在理解方面还是语言的使用上，都会因为不够熟悉及了解，而费时费力，关键还可能因使用不当而贻笑大方。所以在通往二语学习的彼岸过程中，掌握词块且深入了解是必不可少的过程与途径。

母语者之所以在语言使用时做到"快准狠"，究其缘由是因为这些组合是他们司空见惯的，也是长时间的熏陶下而练就出来的。而没有词块规则模板来学习的二语学习者，词块的错误运用会不可避免地发生，当然学习时间也是二语学习者出现错误的因素。词汇知识也囊括了词块知识，也是语言学习者需要了解及掌握的，而且词块知识的积累也可以促进词汇知识的发展及运用。有关词汇知识，加拿大学者进行了广度与深度的两方面叙述。在深度方面，他用词汇的意义和搭配进行实验，进行测试。他从词汇量、词汇深度知识、阅读理解能力以及词法知识等的四个方面来设计的试卷，针对高年级英语学生的能力水平进行测试。经测试，词汇深度知识与另外三方面都有着密不可分的关系，且是成正比的，并且阅读理解能力高低也是随着词汇深度知识的搭配能力而决定的。

丁育仁等分析英语专业四年级学生在英语口头复述故事和限时写作中，词块知识、语法知识与口语和写作水平之间的关系。结果表明，相对于语法而言，学习者运用词块的能力与英语口语成绩和写作成绩具有更加显著的相关性，因此词块能力具有更强的预测力；而且无论是口语还是写作，学习者个体之间在词块使用上存在较大的差异。这一发现支持了 Widdowson 的观点，即学习词块比学习语法更加重要，使用语法仅仅是确保词块的组合能

够合乎语法和语境的需要。

无论是在口语还是书面语表达中，中国学习者的英语词块能力非常有限。在通常情况下，学习者仍以使用单词搭建句子为主，因此语言准确性较差，不能使用地道的词块，存在大量不正确、不规范的用法。比如，经过了多年的英语学习，学习者还是会使用 although but, because so 等错误的表达。学习者能够学会使用一些结构简单、词义明晰的词块，如 at first, after a while, the following afternoon, during the first day, begin to cough, 但对于一些较为复杂的、尤其是与其汉语对应语结构不同的词块很少使用，即便使用也经常会出现错误。

大部分学习者的词汇习得还存在这样的现象，即他们能够听懂或读懂语言材料并能准确理解其中的词块意义，但是在自己表达时却不能正确运用相关的词块，这说明学习者对英语词块的接受性知识并不等同于产出性知识，即能理解词块并不能运用词块。这与学习者的总体词汇知识的现状相符合，一般说来，他们的接受性词汇能力要强于其产出性词汇能力。

中国学习者的英语词块能力处于较低的水平。对这一现象的进一步的分析表明，语际迁移所造成的负面影响是最广泛的一种。学习者常常根据语义上的简单对应创造词块，如将汉语中的"浓茶"翻译成英语的 heavy tea 或 dense tea，相当一部分学习者甚至对地道的表达方法 strong tea 一无所知。所以也不难看出，"浓"这个词是他们搜寻英语中与之相对应的重点。再将单个词利用语法规则来进行拼凑，而在掌握词汇语义色彩时也是利用此原理来进行。在研究语料库语言学时发现词汇大多都有语义韵性，什么是语义韵？我给大家普及一下，就是能在词汇的搭配语境中营造出与此语境相匹配的语义氛围，就像有些词汇是自带光环地吸引着某一类或几类来进行搭配且是同义或者近义的词。通常我们将语义韵分成消极与积极。典型搭配的属性其中以语义韵所占比重较大，比方说引起语义韵的冲突，导致词语搭配的语义不协调，都是因为搭配的不规范。在检索语科库时可知, commit 这一动词是带有贬义色彩的,因此在与它搭配的宾语的名词像 suicide、crime 等也存在着贬义性。但是相当一部分学习者并没有注意到 commit 的这一使用特点，在与它搭配的词汇中出现了 matter 或 responsibility 这些表示中性甚至积极意义的词语。但 Einstein is a famous scientist, 却不可以说 Einstein is a notorious scientist,原因就在于 famous 具有积极的语义韵，而 notorious 的语义韵是消极的。

但是，尽管大部分中国学习者严重缺乏英语词块知识，但确实也有一小部分学习者在学习过程中密切关注词块，注意掌握词块的用法，从而取得较好的学习效果。尽管有些研究者认为，成人二语学习者很难在课堂上掌握大量词块知识。但一部分学习者成功习得词块的事实说明：即使在外语学习环境中，成人二语学习者只要采用恰当的方法，经过努力还是可以学好词块的。

二、词块能力的培养策略

综上所述，词块在语言使用中具有重要的地位，语言知识的获得和交际能力的提高是通过扩大学习者的词块、搭配能力和有效掌握最基本词汇和语言结构而实现的。因此，我们在教学中对此不能忽视。学习者不能只将重心放在单个词上，而应该放在组成流利话语的更大的语言序列词块上。这样一来，学习者从一开始就会具有一种词汇如何通过搭配和惯用语等组合在一起的意识。因此，Lewis 倡导在语言教学方面进行一种范式的转变，即我们不要从一开始只教授单个的词，而应该教授能够即学即用的较大的语言单位，如具有某种语言功能的词块。这些较长的语言序列具有实用性，并频繁出现在我们的日常交际中。Lewis 认为，这种高频率、功能性的词块是学习者在语言课堂中进行分析的理想语料。

基于词块的思想，Willis 提出了基于词汇的课程大纲（lexical syllabus），Lewis 提出了词块教学法（lexical approach）。尽管他们的理论还有待完善的地方，也因此受到一些学者的批评，但他们确实给二语教学带来了一种新的思路。鉴于词块习得对二语习得的重要作用以及我国学习者英语词块能力的现状，英语教学中我们应该充分重视词块的作用。为此，我们可以从以下几个方面着手：

（1）在英语教与学的实践中加强词块意识，把提高词块能力作为词汇教学的重要方面。教学双方应该清楚地意识到，只学习抽象的语法规则和孤立的词汇是无法真正掌握语言的实际使用的。我们要正确地区分语法和词汇的不同，但是也要关注它们之间的联系，二者是紧密联系在一起的，不能完全分开。在教学中词块概念有着非常重要的作用，不能单一地解释词块的意思，是通过词块在语句中的使用而了解词块的意义跟用法，以及词块与其他词组合构成典型词块。我们要正确认识词块的作用以及应用，树立正确的学习观，因为词块是构成二语学习的基石，如果没有正确的认识，那将不能充分掌握学习的方法、提高学习能力，造成学习时间的重复浪费。词块法作为中国学习者学习语言的一个特点，通常都是把词块看作是一个整体，以此来扩充词块在其他领域中的使用，掌握单词的意义以及用法。传统语言学习的方式是背诵，中国学习者习惯在背诵之后将背诵的内容应用在其他的场合，就像中国的古诗说的，熟读唐诗三百首，不会作诗也会吟。其实对于学习材料不加以自己的分析还有理解，那就类似于囫囵吞枣，只是了解了学习内容的表面意思，而没了解深层含义，随着学习者学习的加深和对于词块的熟悉，对于词块的应用就可以越发熟练，在言语中应用也可以更加灵活，将熟悉的语言知识转化为语言输出这是初级阶段向内化进步的过程。但是目前我们可以发现一个现象，在当代大学生中，即使是在之前的学习中已经大量背诵了各种诗词文章，在进入大学后却会被逐渐遗忘，之前掌握好的词块也会被丢弃。这是因为在进入大学后，自由的大学生活让学生开始变得懒散，学习不再像之前那样充满紧迫感，再加上学习者认为自己已经掌握了足够的词汇量，从而忽略了记忆和背诵的重要性。在英语学习中类似的原因导致了大量学习者在表达上往往词语匮乏，缺乏弹性。很多学习者的英语写作都是生搬硬套，甚至出现中式英语这样的写作方式，这是因为学习者在刚进入大学时对于背诵的松懈，导致他们掌握的词汇量已经不足以应对大学英语写作的要求，因此只有坚持不懈地努力背诵词汇，才能在学习中充分掌握所学知识。

（2）词块拆分重组的容忍度。背诵可以促进词汇习得。学习者通过背诵会熟记一些公式化的短语，使其成为学习者可直接运用的语言。随着学习者语言水平的提高，他们还可以利用词块的可变性和灵活性，逐渐将背诵的词块根据不同的语境进一步生成可接受的词块，并对词块进行创造性的运用。但是我们应当意识到以下两个事实：一方面，不是所有的容易提取的词块都适合于各种语境，很多词块的使用都取决于一定的语境；另一方面，词块的可分析性也存在一定的限度。一些句法上的改动从语法的角度考虑是可以接受的，但却会令人感到奇怪。同样，一些词汇上的替换也可能不合乎语法要求。如 a short tlme ago 是正确的表达形式，但是 two short times ago 却是不可接受的语法结构。促使学习者在进行语法知识以及语言使用能力时着重培养这两者的组成的意识产生。在促进程序生成工具时要允许句法上有一些简单且能进行一定变化的词块的词汇存在，这个说法是 Nattinger & Carrico 所认为的。在语言的学习过程中也因有此种词块的并入而稳步发展。学习者所掌握的句子也是一个由简单到复杂的过程，这也是其语言水平的进步所随之而来的。

（3）于学习能力来说，学习者应该注重自主学习能力的养成。毕竟课堂中的时间是固定且有限的，单纯依靠在课堂上进行词块知识的学习、背诵或者说是死记硬背这些数以万计的英语词块是无法掌握词块的运用的。经验告诉我们，学习者是否有自主学习的习惯素养决定了词块学习的质量。学习者在学习词块的运用时，可以在一定的语境下进行，通过背诵、将更多的词块铭记于心。此外，还可以针对性地进行学习策略优化，提升在猜测与记忆上的能力，让自主性学习成为学习者的一种习惯。语言的形式、结构、搭配和词类都需要通过暴露无意识行为来取得。总之，这表明学习者要对目标语接触大量的词汇，才能提高认知思维和知识层次。

第六章 认知隐喻理论与二语词汇习得

现在许多词汇的研究都是从语言学的角度来进行的，即分为词汇、联想和隐喻三方面来展开的。二语习得中受到影响的因素有：第二语言习得者更加偏爱使用广泛应用的词汇；来自迁移性词汇的语义范围经常被高频错误使用；学习者无法掌握所有二语多义词的所有意义；词汇的惯用语和隐喻是最不可能被迁移的。

第一节 认知隐喻理论

近年来，隐喻已经从传统修辞学的研究对象逐渐成为众多学科的研究对象。20世纪80年代以后，随着认知科学和心理学的发展，人们开始从认知的角度研究隐喻。Lakoff & Johnson 认为，隐喻不仅是人类的基本思维方式，而且是人类赖以生存的基本方式。人类之所以具有创造性，其主要原因是运用隐喻式的思维方式去认识世界，正是这种隐喻思维和认知方式使得人们冲破同类观念中的思维定式，促进了科学技术的发展；另一方面，隐喻思维也极大地丰富了人类语言，于是体现人类思想与文化的语言不可避免地带有了隐喻的烙印。

一、语言的隐喻本质

隐喻和语言到底有什么关系？长期以来，人们认为隐喻和现实并没有直接的联系，它没有真实的意义，也无法传递真实的知识。这一认识在20世纪下半叶有了转变。美国人类学家 Whorf 在其《语言、思维与现实》中指出，隐喻这种"思想的混乱"源自"通感"（synesthesia），而"通感"却是"真实的"，因此隐喻具有"通感经验现实"（the reality of synesthetic experience）的正面价值。Whorf 对隐喻的认知功能还有过这样的评论，如果不通过与身体有关的隐喻就几乎无法指称哪怕是最简单的非空间情景。隐喻系统利用空间经验来命名非空间经验，把诸如颜色、光度、形状、角度、质地、运动等空间经验的特性注入声音、嗅觉、味觉、情感和思想。因此我们可以说，隐喻具有认知价值已成为无可置疑的事实。

人类的思维模式在很大程度上是隐喻性的，即借助一个已知的认知域（cognitive domain）去类比、认识和理解一个新的认知域。隐喻的基本作用就是把一个事物（源域 source domain）的某些特征将推理类型映射（mapping）到另一事物（目标域 target domain）的认知过程。过去人们只是把隐喻当成一种普遍的修辞方式和词语的非常规用法。作为一种语言的偏离现象，人们自然认为隐喻没有太大的实际意义，因此在研究中常常予以忽略。随着认知语言学的发展，隐喻作为一种认知世界、表达思想情感的工具重新成为语言学中一个重要的研究课题，对隐喻在语言形成和发展中的作用，人们给予了全新的认识。隐喻的定义为一种修辞术或是一种必要的认知策略。认知活动的基础是语言与思维，人类的语言与思维从本质上具有隐喻性。

研究者对于隐喻的概念不仅仅局限于是一种语言现象，甚至是人类的一种认知现象。它可以理解为人类将某一个特殊领域的经验用来说明或理解另一个领域的经验的一种认知行为了，是表达人们思维形式和思想的一种系统的方法。隐喻和语言更是密不可分，语言都是在隐喻的基础之上才有所发展，隐喻和语言之间相辅相成、相互影响、相互制约，在日常生活中的使用范围更是十分广泛。语言学家 Weinrich 对隐喻也有过比较全面和深刻的论述，关于隐喻所涉及的范围，他指出，"是否每个隐喻都根植下一个意象域?也许这样说太过了一点。事实上，每一个词都可能拥有隐喻意义，每一个事物都可以通过隐喻来表达"。[①]

隐喻之所以是认知事件，原因在于它们的经验基础都来自认知关系的改变。隐喻的使用不仅引起了语言意义的变化，更重要的是这些语义的变化改变了我们对事物的认知关系，这一认识的重要性在于为我们的研究提供了解释性的因素。认知隐喻理论认为，隐喻不是随意点缀的装饰品，而是认知关系的改变与语言形式改变的统一体。认知关系的变化进入语言就是语义的变化，如果我们能够把语言意义的变化与认知关系的变化联系起来，这种研究就不仅是语言学的，而且还具有解释性。

二、隐喻的特征

（一）隐喻的普遍性

在人的各种认知能力中，想象力是一种重要且具有普遍性的认知能力，

[①] 王寅. 认知隐喻学探索[M]. 重庆：重庆出版社，2005.

在人类对世界的认知过程中具有重要的意义。隐喻是想象力运用的重要手段之一，隐喻在语言学的认知说其实是一种概念性的，而对于传统修辞学来说隐喻是语言上的一种，尽管两者之间相差甚远，可是两者却又是密不可分的，当然，前者于外延上看，要大于后者。不管是语言、文化还是思维、概念等体系中，都可看到隐喻的身影，因此人类基本的认知活动其实是有着普遍性的。Lakoff & Johnson 的研究认为，日常生活中隐喻是无处不在的，我们的语言、思想、行为都可体现。在进行对某件事的解释时利用另外一件事或经验来表示则是从本质上来定义隐喻的。

Fowler 也指出，词汇一旦脱离了它原来所属的范畴，用于新的语境，隐喻便出现了。在这个意义上，几乎所有的词汇如果不表示一种具体的意义（a physical meaning）时，就可以表现出隐喻性，同时它们的原义都可追溯到某种具体的意义。

隐喻的普遍性更主要地体现在日常用语中，如英语中的 the key to a question, the hands of a clock, to open one's heart, the foot of the mountain, the root of conflicts, the branches of a discipline, lionhearted 等。

隐喻具有普遍性的特征，而且在生活中往往难以被人联想发现，主要是因为人们已经习惯这种表达方式，而且它既在一种语言中具有这种特征，在其他的语言中也都表现出了这种特征，无论是在英语或者是在汉字中，隐喻的表达方式在生活中大量存在，例如"变化、转变、蜕变、改观、转移、发展"等，这些都具有隐喻的表达意思，人们已经对于这种方式习以为常。

隐喻对于人们日常生活也有着重要的影响，而且具有多功能性和创新性。通过研究调查发现，隐喻在日常生活口语中或者是新闻报道中，出现的频率都很高。在美国的新闻节目中，每 25 个单词就会出现一个隐喻。

在 Lakoff & Johnson 的论述中，隐喻除了是一个言语问题外，我们更应该去了解它的深层含义，人类语言为隐喻概念提供了很好的证据，通过语言来表述另一个种类的事物，而人类的思维还有行动则更具有隐喻的本质特征。

概念隐喻是隐喻理论的重要概念，是认知语言学的重要组成部分。因此 Lakoff 断言，大多数基本的概念隐喻是普遍存在的。德国学者 Dirven 也认为，这是极强的断言，实际上说它是 20 世纪最后 25 年中最强的语义学断言之一也不为过。

以"因特网"为例，1993 年美国总统戈尔顿在宣布克林顿政府的国家信息基础设施建设开始的时候，使用了"INTERNET IS A HIGHWAY"（因特网是高速公路）的隐喻。他说：

Today, commerce roils not just on asphalt highways but along information highways. And tens of millions American families and business now use computers and find that the 2-line information pathways built for telephone service are no longer adequate. This kind of growth will create thousands of jobs in the communications industry.

To understand what new systems we firstt create though, we must first understand how the information marketplace of the future will operate. 0ne helpful way is to think of the National Information Infrastructure as a network of highways much like the Inter states begun in the 50s.

These are highways carrying information rather than people or goods. I mean a collection of Inter states and feeder roads made up of different materials in the same way that roads can be concrete or macadam or gravel. Some highways will be made up of fiber optics. Others will be built out of coaxial or wireless.

But a key point they must be and will be two way roads. These highways will be wider than today's technology permits. This is important because a television program contains more information that a telephone conversation. These are the computer equivalent of wide roads. They need wide roads.

在"因特网是高速公路"这一例句中，我们可以看到。跨域投射是从具体的源域（高速公路）到抽象的目标域（因特网）。投射并不是一对一的，而是一个系统整体投射到另一个概念系统。我们通过利用一个较为具体的概念中的术语和结构，来思考一个较为抽象的概念。

关于概念隐喻的普遍性，还应该谈谈 Reddy 提出的"管道隐喻"（conduit metaphor），这种隐喻是关于语言的语言。Reddy 认为，人类的交际活动意在达到思想和感情的交流，这种交流犹如有形的实物的传递（physical transfer）。语言就像一根"管道"，人们在语言产出时把思想或感情装进词语里；然后，词语装载思想或感情并传送给对方，完成其传递任务；最后，由接受方从词语中提取这些思想和感情。这一隐喻思维模式无疑具有相当的普遍性。Reddy 的论文后面有个附录，归纳了各种交际场合近 200 个表达式，仅附录的第一部分就列举了 141 个典型表达式。据保守的估计，这个数字起码占了英语中谈论语言的语言,即元语言(metalanguage)表达式的70%。

既然语言是一根管道,它也就是一个容器,所以语言所表达的"思想"(idea)和"意义"(meaning)就是"内容"(content),即"内中所容之物"。于是可以"空",也可以"满"。

既然语言是一个容器,所表达的思想和意义就是容器里的实物,于是非但可以"抓住"(catch)或"掌握"(grasp),而且还可以"看见",也可以"塞进",还可以"提取":We will see this thought several times again in the sonnet. /He crammed the speech with subversive ideas. /Can you really extract thoughts from that incredible prose?

从以上有关言语交际的这些典型的表达式可以看出Reddy的理论表明,隐喻可以把抽象的"言语交际"比作具体的"实物传递"。

(二)隐喻的系统性

多数传统的理论认为,隐喻只是一种比喻,属于语言学的范畴。但事实上,隐喻不仅是一种语言现象,也是一种文化和认知的现象。隐喻被人们认为是一种修辞格,或是范畴错置。隐喻性是语言的根本特性,人类语言从根本上来说是隐喻性的。从认知的角度上分析隐喻是人类认知事物的一种基本方式。随着人类文明的进步,我们祖先的语言能力已大大加强,他们逐渐获得了表达能力。通过隐喻这种方式的应用,人类语言表达的最重要手段之一即应运而生。作为人类的概念系统的基础,隐喻是人类语言的共同特征。如果我们的语言中没有比喻,我们将难以清楚并生动地表达我们的想法,更不要说顺利和成功地沟通。

世界上所存在的每一个隐喻都自成一体,不能从单个概念来对比另一个概念。而是要从原本属于一个概念的各种角度来辨析词汇的各种方面,从而升华到谈及另一个概念的层次。这样可以使这个词汇的意义更加丰富更加多体化。如 BOOKS ARE FOOD(书籍是食物)以食物的"味道"或"风味"及其被"品味""消化""吸收"等来认识及描述"书籍"。因此 Lakoff 指出,因为我们思维中的隐喻概念是系统性的,所以我们用以谈论该概念的语言也必然是系统性的。

例如,英美人在日常语言中谈论爱情以及爱情关系的常规说法有:

We're at crossroads.

We'll just spinning our wheels.

Our marriage is on the rocks.

We're going nowhere.

We can't turn back now.

It's been a long bumpy road.

We'we gotten off the track.

The relationship is a dead-end street.

We'll have to go our separate ways.

直到认知语言学的出现，学者们才意识到，在不同的语言系统中人们谈论爱情具有系统性。他们也没有意识到这样一个观点，即人们对这样一个话题的语言表达方式会反映人们关于爱情的隐喻概念化的重要概括。认知语言学认为，上述常规表达方式的系统性为人们用隐喻思考的观点提供了重要的依据。也就是说，人们以他们旅行的具体知识，将爱情经历以隐喻性的方式概念化，其结果是以隐喻性的方式谈论从源域到目标域的投射的不同方面。

概念隐喻的系统性还表现在，不同的喻体可以统一在一个本体之下，从不同的侧面或角度来描述本体。比如，theory 既可以被比作 container，也可以被比作 building，于是就形成了两组概念隐喻的表达方式：

THE THEORIES ARE CONTAINERS.

His theory doesn't have much content.

I'm tired of his empty theory.

That theory has lots of holes in it.

There should be a water-tight exposition for every theory.

Your theory has to be replenished with more arguments.

This is a new theory containing viewpoints of different schools.

THE THEORIES ARE BUILDINGS.

We need to build the theory with solid argument.

There is no foundation for his theory.

The theory lacks support.

Their argument began to be shaky.

We need to construct a strong argument for that.

That theory collapsed completely.

A frame must be rebuilt for that theory.

第一组以容器的容量及其严密性来谈论，第二组则以建筑物的结构特征及其牢固性来描述理论，这两个概念隐喻分别从不同角度突出了 theory 这一抽象概念的不同侧面，相互补充，构成了一个完整、统一的隐喻体系。

（三）隐喻的生成性

隐喻系统性的一个必然特点就是隐喻具有生成性。一个喻体可以生成多个隐喻概念，因为喻体在自己原始意义内所具备的喻义特征都可以转移到另一语义范畴的某个词项上。这种潜在的生成能力，使得我们可以在一个已经为人们接受的隐喻基础上不断生成新的隐喻。例如，围绕 war 这一喻体可以延伸 argument 的隐喻概念，形成 win the argument, abandon an argument to one's opponent, engage in an argument 等等。隐喻一旦为人们所接受，人们就可以以此为样本，约定俗成地运用同一种思维模式进行语句的构建和创造，这种规约性的思维模式是生成和理解新奇隐喻的基础和前提。

三、隐喻的认知本质

西方的隐喻理论研究源远流长，从柏拉图时代算起，至今已有两千多年的历史；其间随着研究的不断深入，关注的重心几经转移，经历了若干具有鲜明时代特征的发展阶段。从学科的发展与实践来看，西方的隐喻研究经历了四种历史性的研究模式，即隐喻的修辞学－诗学研究、隐喻的诗学－语言学研究、隐喻的语言哲学－人类学研究以及隐喻的认知研究－多元研究。

西方最初的隐喻研究发源于古典修辞学。传统上它被视为一种修辞手段，是非常规的语言使用，属于文学、修辞学等学科的研究范畴。亚里士多德在《诗学》与《修辞学》两部著作中，详细论述了隐喻的性质、作用与阐释方法等问题。他认为隐喻只能用于诗歌中，是添加在语言上的一种修辞手段。隐喻是一种抒情的工具，用于抒发人的情感。人类丰富的内心感受和体验是一种存在，人类认知、理解这种存在并进行表达的方式也许是多种多样的，研究者可以从不同的角度和立场上加以把握。

在传统的观念中，人们一直认为隐喻不过是一种修辞手法，就像是一种在墙面上的装饰品。这对于隐喻意义的理解是非常不全面的，并没有将语言中的普遍性的现象表达出来，造成隐喻理论在解释隐喻现象时的局限。虽然大多数人对隐喻的理解不够深入，但是只要使用了隐喻就可以达到一种特殊的修辞效果。

人们对于修辞学的研究，只是一味地将有关修辞的资料信息数据集合在一起，而并未进入深层的研究之中。我们更应该致力于研究修辞学，将隐喻的作用加以深究。

20 世纪初，西方哲学经历了一场"语言学转向"；50 年代之后，西方隐喻研究逐渐进入高潮。受"语言学转向"的影响，70 年代之前的隐喻研究的点集中于语言学尤其是语义学领域，哲学、人类学、美学、心理学及符号学、语用学等领域的突破性研究成果极大地促进了隐喻理论的发展，形成多维度跨学科的研究局面，从而为 70 年代以后隐喻的多元跨学科研究奠定了基础。到了 70 年代后期，欧美特别是美国的隐喻研究进入了一个被约翰逊称为"隐喻狂热"（metaphormania）的阶段。

因此，我们可以说，隐喻的认知观点是划分传统隐喻理论与当代隐喻理论的分水岭。

从认知角度谈论隐喻，最早可以追溯到英国的诗人 P. Sidney。他层在"Defence of Poetry"（《为诗辩护》）中说过，隐喻不仅是诗人赖以揭示宇宙间事物相互关系的一种手段，它实际上也反映出语言的本质。在他看来，隐喻不是游离于语言之外的一种装饰品，而是人类体验世界、思维和生活的一种方式，是人类语言的关键所在。Shelley 还指出："语言本质上是隐喻的。"到了 20 世纪 30 年代，Richards 进一步指出："思维是隐喻性的。"他甚至把隐喻强调到如此地步："没有隐喻，我们就不可能流利地说上三句话。"

人类通过隐喻与外界构成一种互动式认知关系。皮亚杰认为，我们所认识的世界是在现实的约束下、依靠我们的认识器官通过主客体之间的积极互动逐渐形成的，即现实制约着认识，认识反过来又改变了现实。皮亚杰指出，认识起因于主客体之间的相互作用，人作为主体认识世界时，自然起中介物的作用。Lakoff & Johnson 认为，隐喻不是任意的，而是以身体的经历为基础的。人类认知最重要的一个特点是，在形成有意义的概念和推理的过程中，人类的生理构造、身体经验以及丰富的想象力扮演了重要角色。

近年来，西方语言学界越来越多的学者把隐喻纳入思维和认知的研究轨道。Lakoff & Johnson 提出了"隐喻概念体系"（metaphorical concept system）的新理论。他们认为隐喻不仅是一种语言形式，还是人们思维和行为的方式，即"概念隐喻"或"隐喻概念"。[1]他们在调查和分析了英语中大量隐

---

[1] 冯晓虎. 隐喻——思维的基础、篇章的框架[M]. 北京：对外经济贸易大学出版社，2004.

喻表达之后指出，普通语言中大约 70%的表达方式来自隐喻概念，语言的本质就是隐喻。概念隐喻的提出标志着隐喻研究已从传统的辞格和语义研究进入了一个崭新的领域，即隐喻的认知研究。隐喻将理性和想象相结合，是人们理解不能直接理解的事物的重要工具之一。隐喻作为人们认知、思维、经历、语言甚至行为的基础，是人类认识和理解世界的基本方式之一。

综上所述，隐喻不仅是一种修辞术，也是一种必要的认知策略。认知活动是通过语言与思维来进行的，而语言与思维归根结底具有隐喻本质。隐喻不仅仅是一种语言现象，也是认知现象，这已经成为人们的共识。把隐喻上升到人类认知高度来认识，并以此来解释人类概念的形成、思维的过程、认知的发展、行为的依据，是语言研究和认知理论上的一大突破。[①]

四、隐喻的认知机制

过去人们只是把隐喻当成一种普遍的修辞方式和词语的非常规用法。作为一种语言的偏离现象，人们自然认为隐喻没有太大的实际意义，因此在研究中并不重视。随着认知语言学的发展，隐喻作为一种认知世界、表达思想情感的工具重新成为语言学中一个重要的研究课题，人们对隐喻在语言形成和发展中的作用给予了全新的认识。

Lakoff & Johnson 对隐喻的解释中有一个重要的概念"映射"(mapping)，他们认为"隐喻是跨概念域的整体映射"。隐喻式表达只是跨概念域映射的外在表现（ surface realization ）。隐喻包含源域（ source domain ）和目标域（ target domain ），前者通常是人们较为熟悉的、具体的概念，后者往往是人们不太熟悉的、抽象的概念。在这两个域之间有一系列本体的或认识上的对应关系（ correspondences ），其心理基础是抽象的意图式（ image schemas ）。隐喻概念是指存在于人们头脑里的一种经过归纳的、条理化的固定表达式，是日常生活体验的意象图式的外在表现语言形式，反映了思维的本质。

换言之，隐喻能使我们用较熟悉的、具体的概念去理解、思考和感知抽象的、难以直接理解的概念，其方式就是把源域的结构映射到目标域上，这样的映射是在两个不同的认知域之间实现的，其基础就是人类经验。"液体的热"与"愤怒"具有对应关系，而认识上的对应关系则是：源域，液体急剧变热的结果是容器变热、内压增大，于是随着液体的沸腾容器产生晃动；目标域，强烈的愤怒导致体温上升、身体内压增大，身体与讲话声

[①] 王寅. 认知隐喻学探索[M]. 重庆：重庆出版社，2005.

音因生气而颤抖。

了解了这样的对应关系，对于 You make my blood boil; I had reached the boiling point; Let him stew 等隐喻表达式，只要有认知语境的参考，其隐喻意义就不难理解了。

第二节　认知隐喻理论与二语词汇习得

隐喻性语言是人们把不同的事物或观念进行跨域联想的结果，是以喻体和本体之间的相似性为基础的意义转移。喻体和本体在某些方面是有其相似性的，隐喻性语言就是通过这种相似性可以对本体进行表达却无法对内容来实现表述，因此在含义上有了新的变化。因为人类记忆的负荷能力是有限的，故人类语言的词汇也是有限的，否则记忆便会超载，这便是人脑记忆的经济法则，隐喻性语言便遵循这一法则使用。词汇与词汇之间的组合方式各式各样，语言的创造力就从这些组合的创新中而来，而不是简单的词汇量的上增。这种创新最突出的表现就是隐喻的出现，已有的词汇已无法表达人类无限的思想，人们便通过对已有词汇的词义赋予新的含义，从而衍生出新的词义来表达内心丰富多彩的世界。

一、隐喻与词汇意义的转移与演变

对于认知语言学来说，范畴化不仅是一个重要的概念，同时也是人类最基本和最重要的认知手段之一。人们在主客观世界中经历具体的事物，观察到具体的现象，并把所有的这些事物和现象进行抽象归类的过程就是范畴化。概念就是由这样一个一个被赋予名称的抽象的范畴所组成，通过语言承载主客观认识的经验。概念的定义是不断演变的，是对某些具体语境下的具体事物的指称，其语义是单一、具体的，也就是对单一范畴的描述。随着社会进步，词语的应用范围扩大，应用环境改变，单一的范畴已无法满足人们的使用需要，于是有很大一部分概念发生了改变，一些语义相近的范畴，便慢慢衍生出了语言隐喻现象。对于人类概念系统的形成，几乎所有的认知语言学家都不约而同持有同一观点，词汇最初是来自于对自身和空间（如地点、方位、运动等）的理解，然后通过丰富的想象力，运用隐喻等认知手段进行扩展而逐渐形成的。

人类通过范畴化获取认知，进而获得范畴，形成概念。因此，范畴化与范畴和概念相辅相成，范畴化是范畴和概念形成的基础，而范畴和概念是范畴化的结果。因为范畴化具有体验性的特征，而范畴化又是概念与词语形成的基础，所以概念与词语也是基于体验的。Ungerer & Schmid 指出：语言词语所表达的意义以及如何结合使用，取决于人们对于周围真实世界的感知和范畴化。

词汇化是在有了语言之后，人们把范畴化和概念化的结果固定于词语表达之中而形成的。王寅将这一过程描述为：客观世界－范畴（化）、概念（化）－词托化－词语。Bloomfield 指出，抽象的意义大多来自比较具体的意义。Ullmann 在论述语义转移规律时也说："隐喻的基本趋势之一就是用意义具体的词来说明抽象的词。"认知心理学的研究证明：人类的认知过程总是从具体到抽象、从已知到未知发展的。Rumelhart 说："当我们谈论抽象概念时，我们几乎总是从另一个具体的领域所使用的语言中选择词汇。"

从语言发展及认知的角度看，人们创造并使用的第一批词汇多表示具体可视的事物和直观的行为，是身体直接体验的结果，无论符号本身，还是与之相关的语音都是任意的。但是，当人类积累了一定的具体概念之后，由此形成的抽象思维能力和大脑逐渐完善的意象图式会形成一个纵横交错的认知网络，该网络随着切身经历和体验的增多而得到完善。至此，人脑的加工过程更多的是用已知来同化未知，通过熟悉的具体事物去理解陌生的抽象事物。在这一过程中，初始阶段的随意成分变得越来越少，而网络化和结构化的大脑对客观世界所进行的能动性处理，正是借助隐喻这一有利的认知工具。没有隐喻，就不会有条理化的理性语言思维；没有隐喻，贫乏的初始语言符号就不能表达丰富的思想。

总而言之，在整个语言体系的发展之中，初始阶段语言的任意性只占了很小的部分。而认知隐喻的语言符号则为大多数，其中百分之九十以上的英语单词都具有理据性，如果深究每一个词的词源，都与隐喻理论有一定的联系。

随着语言的发展，词义也随着社会的变化而发生变化。隐喻是通过类比使语义发生转移而产生的一种方法，意思是说隐喻就是将本来以字面意思表示一种物体或思想的词语或短语。采用隐喻类比，从而引申另一种物体或思想。这种方法的依据是从认知的角度来将有形的、具体的事，通过认知思维和模糊的概念，从而产生一种不同概念上有所相关的认知方式。

正是这种从一个语义域向另一个语义域的应用、转变和跨越，使得词汇获得新的意义，从而带来词汇的语义变化。

人类的发展史就是人类对客观世界的认知过程。语言符号的应用推动了这个过程的发展。当代学者已经认识到，语言符号的多义性和创造性得益于隐喻在概念上的形成和使用，人们在生活中时时刻刻都在使用隐喻。词汇作为人类语言构成不可缺少的元素，自然也不可避免地会留下隐喻的认知痕迹。词汇语义中的隐喻现象，主要体现在多义性词汇的语义发展与变化方面。严格说来，词一旦脱离它原来所属的范畴用于新的语境，隐喻便出现了。在这个意义上，几乎所有的词在表示一种具体的意义（a physical meaning）时，就可以表现出隐喻性（metaphorical），同时它们的原义都可追溯到某种具体的意义。隐喻所存在的意义就是通过一种事物的核心思想来表达另一种事物，所以词汇多义性的产生于词汇本身脱离所拥有属性的范围之外，是被描述成新语义产生的结果。所以原始范畴的具体语义和隐喻之间所产生的词汇有着密切的关联性。

二、英语词汇的隐喻解释

随着时间的推移，社会的进步，人类思想的解放，隐喻和传统文化思想便再难寻求根源。但是语言的隐喻性可以从生活、科技、交流中得以体现。隐喻的思维认知模式一直存在于人们对新事物进行学习、模仿、整合过程之中。其实在这些新出现的词汇中几乎没有所谓的原创性，但都有十足的理据性。在这些概念形成的过程中，概念定义的方式遵循了映射（mapping）原理。就隐喻产生的根源来讲，多数词汇概念的产生都是以相似性（similarity）为基础的，体现了隐喻最基本的共性发现特征。许多新词以及旧词新义的产生，符合认知心理学中心理表征的描述，带有明显的"建构"性质。在这些新词的建构过程中，隐喻和认知起了关键的创造作用，这也是构词理据性的主要原因。

隐喻作为一种比较隐藏的修辞手段，可以产生大量的理据性词汇。隐喻的含义比较广，它是在暗示的情况下的一种感知、理解、想象的一种心理行为、言语行为和文化行为，可以通过其他词汇进行常规性的代替。这就说明隐喻导致词汇具有多义性，可以通过事物之间不同的对应关系进行相互替换。另外隐喻的多样性还表明了源域和目标域之间的相似性，因此可以通过隐喻来表达复杂的客观世界以及人类丰富的内心世界。一般的语言词汇没法达到隐喻的效果，需要充分阐述表达意思的话就需要通过隐喻的表达方式进行描述，中国乃至世界的词汇都具有这种性质。在中文中，表达开心可以通过高兴、喜悦、欢乐等词汇。英语也是如此，对于听觉的表达使用 accept, obey 这类词汇的话就是比较隐喻化的语言了。不论词汇是有多贫乏，我们都可以充分利用隐喻的表达方式进行另一种阐述，从而达到让人充分理解明白的作用。在信息化的时代，新事物的诞生层出不穷，现有的词汇已经不能充分表达其含义，因此人们使用隐喻化的词汇来进行描述新生事物，现代计算机科学中的很多术语就是通过隐喻化的词汇建构产生的。

词汇的多义性由隐喻衍生出了死隐喻（dead metaphor）这一概念，因为事物总是多样性的，而且随着时间的变化而变化，对于喻体词的创造性和新鲜感也会随着认知关系的改变而影响到现实世界的课题上。法国符号学家 Ricoeur 对于隐喻给出了定义，是一种基于抽象过程，词项意义的抽象化导致人们运用隐喻词项的同时忘记了原词汇的属性。比如法语中的 queue（排成长队），除了"长"这一语义特征之外，人们早已忽略了它原来所指称的"尾巴"的所有特征。

英语由于其独特的发展史，形成了一种"世界性词汇"（cosmopolitan vocabulary），大量从外族语借词，其中借得最多的是拉丁语。Fowler 指出，拉丁语词的隐喻意义衍生出英语中的隐喻性词汇，如 explain（解释）在拉丁语中的意义是 spread out flat（平展开来）。英语中的这类外来隐喻词数量很大，甚至超过了本族语隐喻词。比如，英语本族语词 grasp 原义是"抓"，也可释义为"理解"，两种意义并存。拉丁语中表示理解的 comprehend，原义是"抓"，由于英语本族人对于这个词的意义不太注意，它的隐喻词义就消失了。英语之中，muscle（肌肉）一词是由表示"小老鼠"（mouse）的拉丁语词 musculus 借来的，因为人体某些部位的肌肉的形状及活动方式就像是小老鼠，所以才得出此意。至于 cemetery（墓地）一词则借自希腊语词 koimeterion，其原义是"宿舍"（dormitory），由 koiman 变来，意思是"使…睡觉"，其中的隐喻意义显而易见。英语中的这类借词当然也借来了源语中的隐喻，不过对于英语本族人来说，大量的隐喻意义都已经消亡。

从另一个角度看，经历了这一隐喻过程的词汇就由此获得了具有隐喻理据的另一个义项。由于这样的机制，词汇就具有多个义项。

总之，词汇不是任意获得新义的，而是通过我们的认知建构获取的。一个词的多项共时意义通常就是以隐喻理据的方式相互联系的。因此，胡壮麟认为，隐喻对人类语言的发展，特别是词汇的发展，起着巨大作用。语言符号的多义性和新鲜感得益于隐喻的创造，隐喻是导致语言变化的导火线。

三、隐喻与词汇习得

传统修辞学的全部兴趣集中在语言的表达效果上。传统的研究没有触动人的认知和思维的深层次，仅仅把隐喻看作是外在于语义内容的表达技巧，认为隐喻是一种为获得最佳表达效果的语言加工形式，是装饰性的而非本体性的。而现代认知隐喻理论认为，隐喻不仅仅是传统修辞学意义上的语言现象，更重要的是具有认知意义上的价值，它是人类思维运行的一种普遍方式。英语表达概念隐喻的语句很多，由于隐喻在语言中无处不在，许多跨概念域映射并不为人们所觉察。隐喻的系统性及其认知机制、词汇意义的转移和演变的隐喻性解释给二语词汇习得以启示[①]。

（一）不同语言中隐喻的共性与差异性

对于不同语言中概念隐喻的共性，我们已经进行了较多的论述。这种概念隐喻的共性或相似性，至少可以有利于学习者对词汇修辞意义的理解。因为英汉两种语言中相同或相似的概念隐喻，对于学习者来说应该更容易接受一些。由于部分隐喻具有跨文化、跨语言的相似性，学习者从中能联系到本族语言的思维模式，无疑可以缩短语言间的心理距离，有利于发挥语言学习的正迁移作用。可以说，有意识地学习和掌握英汉语言和文化之间相同的概念隐喻，对英语词汇学习大有好处。因此，学习者要学会挖掘语言表层结构下的深层次思维模式，善于透过语言现象寻找并总结隐蔽的概念隐喻，再从概念隐喻联系到相应的语言表达，从而逐步培养隐喻的使用能力。

但是，隐喻映射来自生活，受当事人知识和自身体验的限制，在使用和创造映射的过程中，人与人之间存在着差异，民族和民族之间也有很大的不同。认知语言学认为，人们对世界的概念化反映在语言之中，不同的文化以不同的方式理解世界。因此，不同语言间的某些差异就不仅仅是语言层面上的结构性差异，而是文化间概念差异的结果。这些差异体现在语言的不同方面，如词汇、句法、语篇、语用、修辞等。以隐喻方式习得词汇时，对不同民族间的文化和思维方式应予以充分重视。

对二语认知程度不太高的学习者来说，他们面对的是一种完全陌生的语言和文化，由于缺乏天然的外语语言文化环境优势，两种异域异质的语言文化的较大差异，必定会在不同程度上对外语学习造成种种障碍。母语

[①] 张沛. 隐喻的生命[M]. 北京：北京大学出版社, 2004.

和外语的文化和思维特征差异，可以构成各自特定的隐喻性思维和表达。影响二语习得的隐喻可能是文化性的、思维性的或者是语言性的。因此，不同类别的隐喻可能在处理方式和难度上存在差异。

不同文化中隐喻网络的差别导致了语言的隐喻用法差别。而且，在很多情况下，尽管构成这种隐喻用法的潜在的隐喻在两种语言中都存在，但是一种语言中的常规说法在另一种语言中可能不是常规说法。例如，英语动词 ride 是一个使用非常广泛的喻体。在英语中不仅说 ride a horse, ride a bike, ride a motorcycle, 而且还说 ride a bus, ride a train, ride a ship, 甚至 ride a plane, ride a shuttle 等等。几乎所有汉语用"乘""坐"的交通工具，英语都可以用 ride 一词，因此 ride 这一概念要比汉语"骑"宽泛得多，凡是"坐于其上并由其运载"（sit up on and be carried）的都适用。甚至 ride 还用在下面的句子中：The small boat rode the waves/The petrel rode the storm。

不同的民族有不同的世界观和认知观，面对同样的物质世界和精神感受，表达方式会有巨大的差异，更不用说各个民族有自己独特的历史、地理、风俗、制度、信仰和其他人文社会环境。在外语学习的初级阶段，由于母语和外语的水平相差较大。学习者通常能利用大脑中已有的共性架构取得快速进步，然而当外语达到一定程度之后，母语的干扰作用就会变得明显。由此可见，学习者若想要真的对外与民族文化做深层了解，不仅要从表及内，更要从实质内涵出发，积极收集语言的基本素材，了解外语民族的认知思维模式，从而加深对该民族的文化以及价值观和世界观。这种学习过程也是对隐喻文化的学习过程。与此同时，不仅学习了文化也掌握了隐喻的内涵，应用隐喻特性中的普遍性和系统性，来了解词汇的隐喻意义，从而提高自己的学习层次。

（二）利用隐喻的意象图式进行词汇的意义建构

认知是我们从外部世界了解信息、掌握世界内部结构的一种学习方式，很大程度上是从语言系统中所截取下来的概念体系。这种认知结构是以图式的形式所存在的。而且在时代的发展和人类的进步中，是我们联系世界最好的手段工具。我们能从外部世界中看到什么，不仅取决于外部世界提供了什么，也决定于我们在什么结构中以什么方式去获取这些信息。

近年来，随着学习理论从以教师为中心转变到以学习者为中心，词汇学习的观念也应该随之改变。交互式的学习理论将意义的学习视作一种认知的、发展的和社会建构的任务，远远超出了仅仅对于词汇表面意义的理解。词汇学习应该是一种在语境中建构意义的动态过程。

由于词汇可以唤起图式，而概念隐喻又将图式映射到其他图式之上，因此词汇可以激发隐喻性的理解。例如：The flame finally went out 中的 flame 可以唤起火的图式，然而火的图式同时也是两个概念隐喻 LIFE IS FIRE 和 LOVE IS FIRE 的源域，由此可以激发学习者将它运用到这两个概念隐喻。所以学习者可以将 The flame finally went out 理解为：某人已经死亡，或维系爱情的情感已经消失。

图式映射可以组织概念知识并将它作为一个平台（platform）。通过这一平台学习者可以通过源域和目标域的互动来理解目标域，并可以调动自己的相关体验，从而达到建构话语意义的目的。例如，美国媒体在谈到有关国家时经常使用 friendly nation、hostile nation 和 rogue states 等，使用者正是运用了 A STATE IS A PERSON 这一意象图式。英语中对转基因食品的描述经常使用 smart plants, killer genes, killer tomatoes, killer corn 等，其实这些隐喻背后的概念隐喻是 PLANT IS A PERSON，由于普通人不太了解转基因食品，因此源域中用人们熟知的"人"去类比和映射不太熟悉的转基因"植物"，从而使人们易于构建转基因食品这一新概念。

隐喻概念反映人们对事物的看法或倾向性。例如，人们用"体育比赛"来隐喻社会的激烈竞争，其隐喻概念就是"社会是赛场"（SOCIETY IS A SPORTSGROUND）。在商业竞争日趋激烈的社会，商场如战场，因此 BUSINESS IS WAR 和 MARKETS ARE BATTLES。在市场争夺战中商家会 attack, defend, dominate, yield 或者 abandon 市场，商业竞争的范围也遍及 foxholes、bunkers、sectors、streams、hills、rivers、mountains 等领域。

参 考 文 献

[1] 邢红兵. 汉语作为第二语言的词汇习得研究[M]. 北京：北京大学出版社，2016.

[2] 付玉萍. 二语心理词汇发展模式与路径历时和共时研究[M]. 北京：中国言实出版社，2014.

[3] 王改燕. 第二语言阅读中词汇附带习得研究[M]. 北京：北京大学出版社，2013.

[4] 范烨. 试听双重输入模式下的二语词汇习得[M]. 上海：复旦大学出版社，2016.

[5] 陈万会. 中国学习者二语词汇习得研究——从认知心理的视角[M]. 青岛：中国海洋大学出版社，2007.

[6] 冯晓虎. 隐喻——思维的基础、篇章的框架[M]. 北京：对外经济贸易大学出版社，2004.

[7] 刑红兵. 第二语言词汇习得的语料库研究方法[J]. 汉语学习，2002（2）.

[8] 胡壮麟. 认知隐喻学[M]. 北京：北京大学出版社，2004.

[9] 刘正光，周红民. 惯用语理解的认知研究[J]. 外语学刊，2002（2）.

[10] 潘文国，叶步青，韩洋. 汉语的构词法研究[M]. 上海：华东师范大学出版社，2004.

[11] 刘伟志. 中国大学生第二语言知识的心理表征特征[J]. 应用心理学，2005（1）.

[12] 张淑静. 从反应类型看词汇习得[J]. 外语教学与研究，2003（4）.

[13] 张沛. 隐喻的生命[M]. 北京：北京大学出版社，2004.

[14] 俞理明. 语言迁移与二语习得——回顾、反思和研究[M]. 上海：上海外语教育出版社，2004.

[15] 杨惠中，桂诗春，杨达复. 基于CLEC语料库的中国学习者英语分析[M]. 上海：上海外语教育出版社，2005.

[16] 杨惠中. 语料库语言学导论[M]. 上海：上海外语教育出版社，2002.

[17] 严维华. 语块对基本词汇习得的作用[J]. 解放军外国语学院学报，2003（4）.

[18] 张淑静. 重组二语心理词汇[J]. 四川外语学院学报，2004（2）.
[19] 张志毅，张庆云. 词汇语义学[M]. 北京：商务印书馆，2001.
[20] 肖善香，刘绍龙. 论二语词汇深度习得及其研究的若干问题[J]. 暨南学报，2003（1）.
[21] 文秋芳,丁育仁,王文宇.中国大学生英语书面语中的口语化倾向[J].外语教学与研究．2003（1）.
[22] 魏向清. 双语词典译义研究[M]．上海:上海译文出版社，2005.
[23] 卫乃兴. 基于语料库与语料库驱动的词语搭配研究[J]．当代语言学，2002（2）.
[24] 王寅．认知隐喻学探索[M]．重庆：重庆出版社，2005.
[25] 王文斌．英语词汇语义学[M]．杭州：浙江教育出版社，2001.
[26] 王立非．汉语语文能力向英语写作迁移的路径与依据[M]．西安：陕西师范大学出版社，2004.